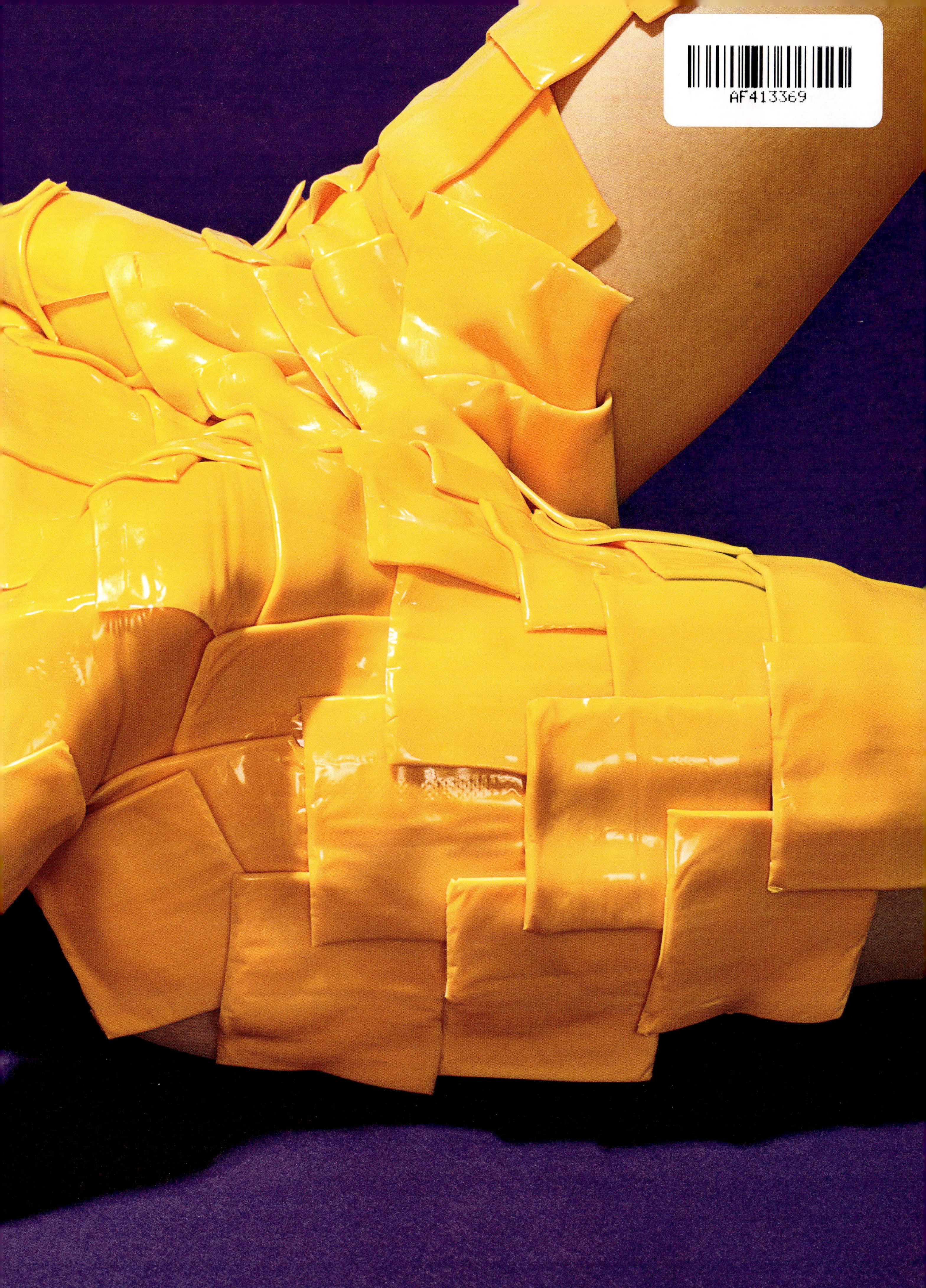
AF413369

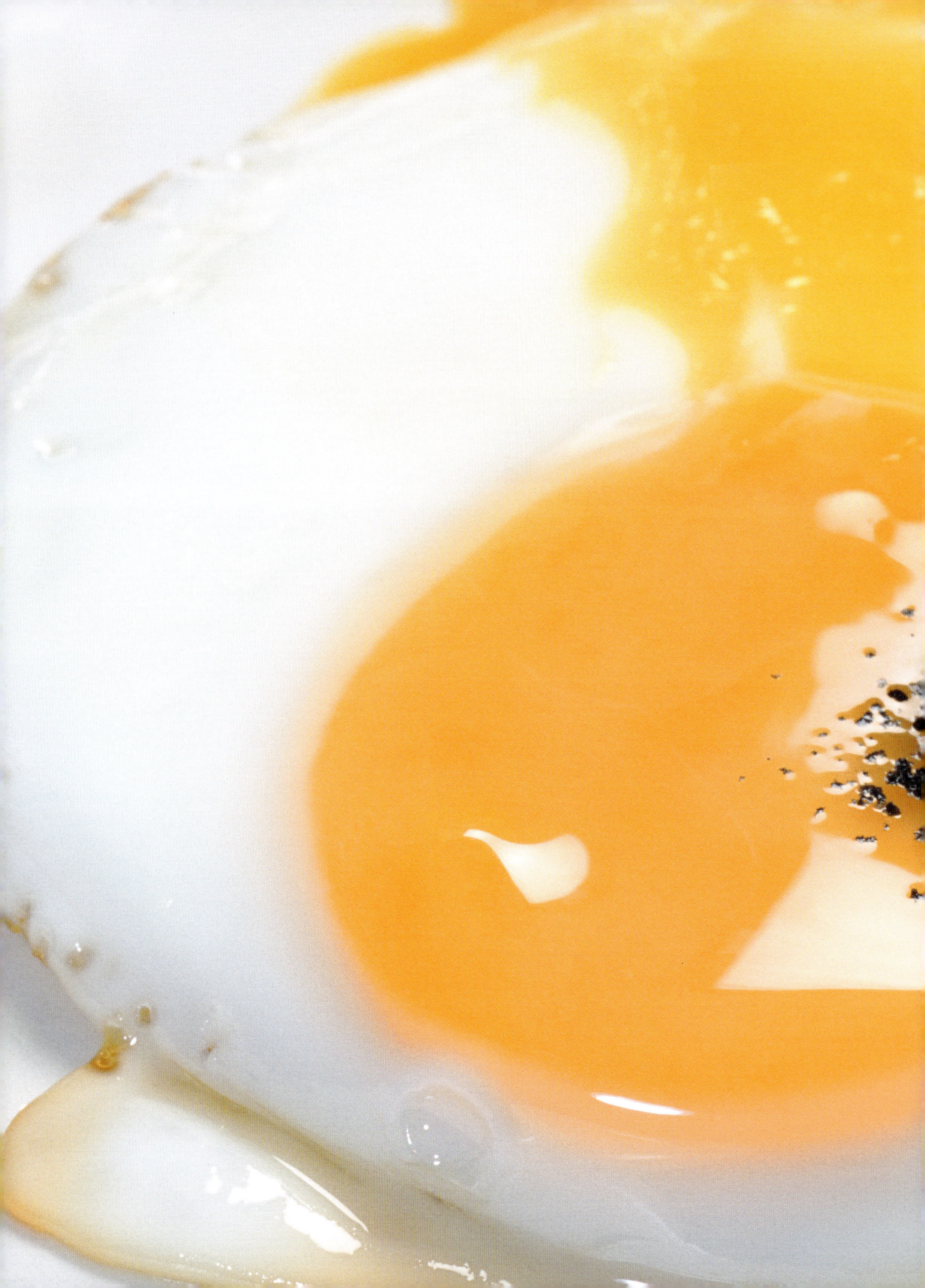

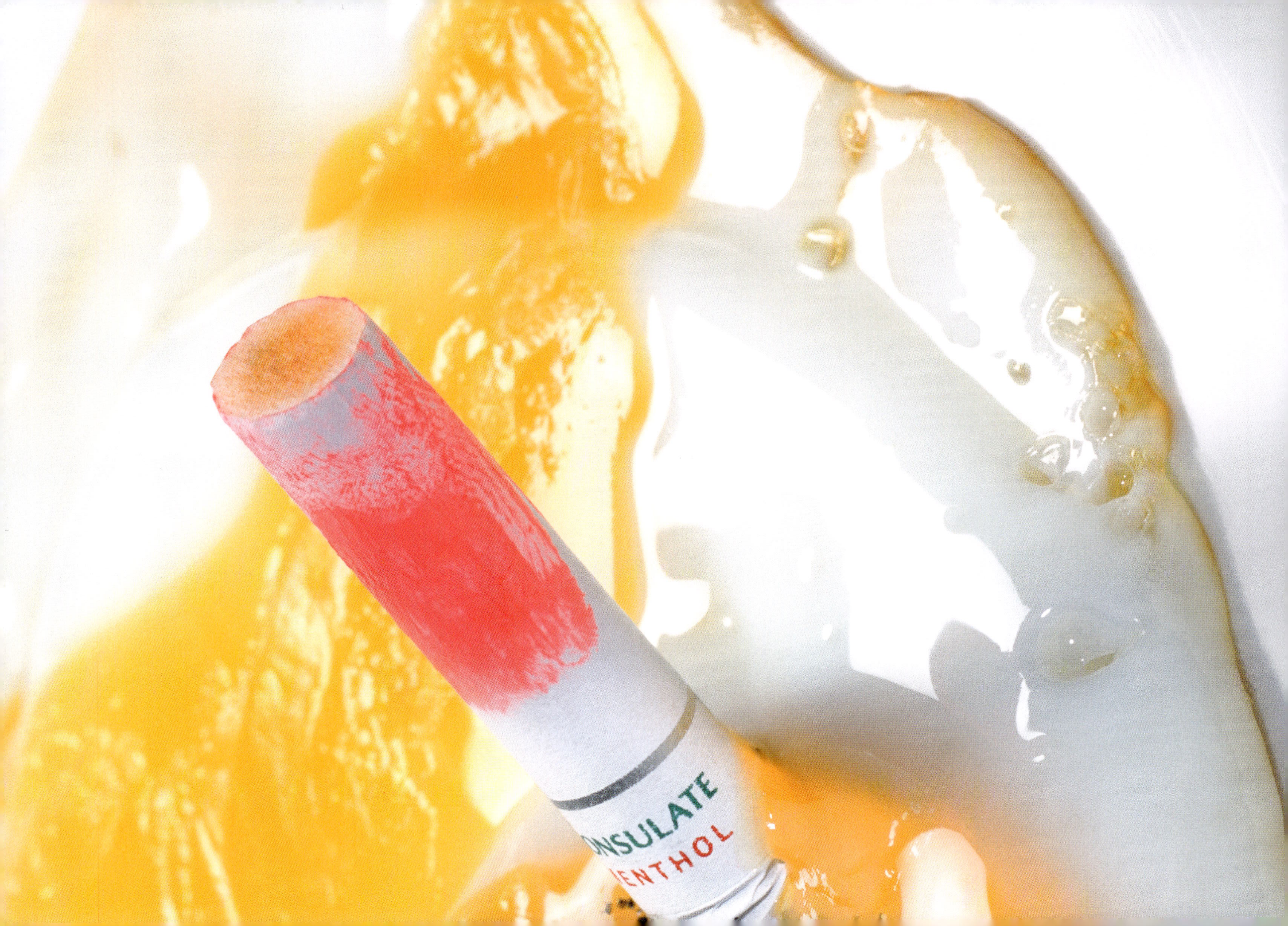
ONSULATE
ENTHOL

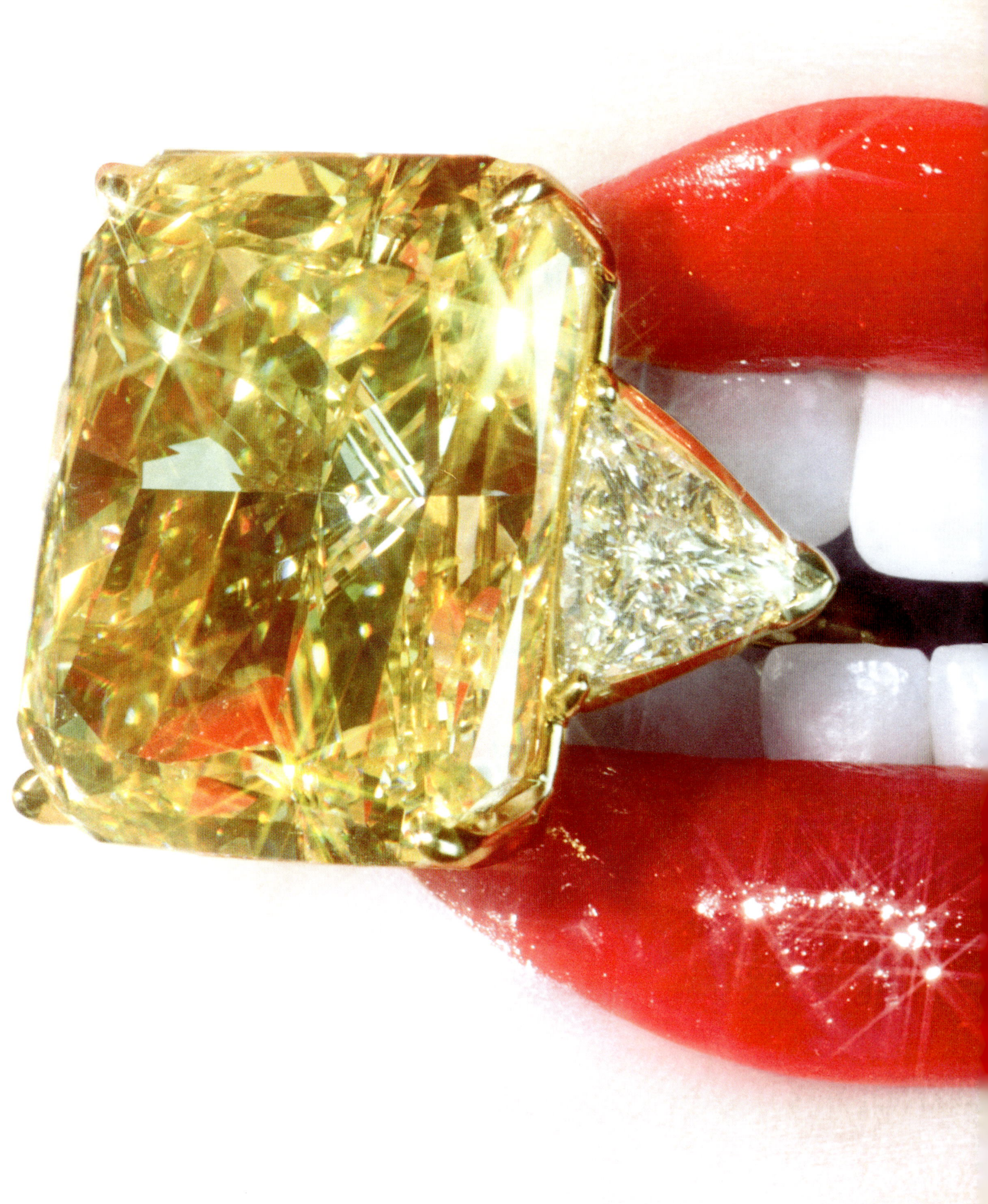

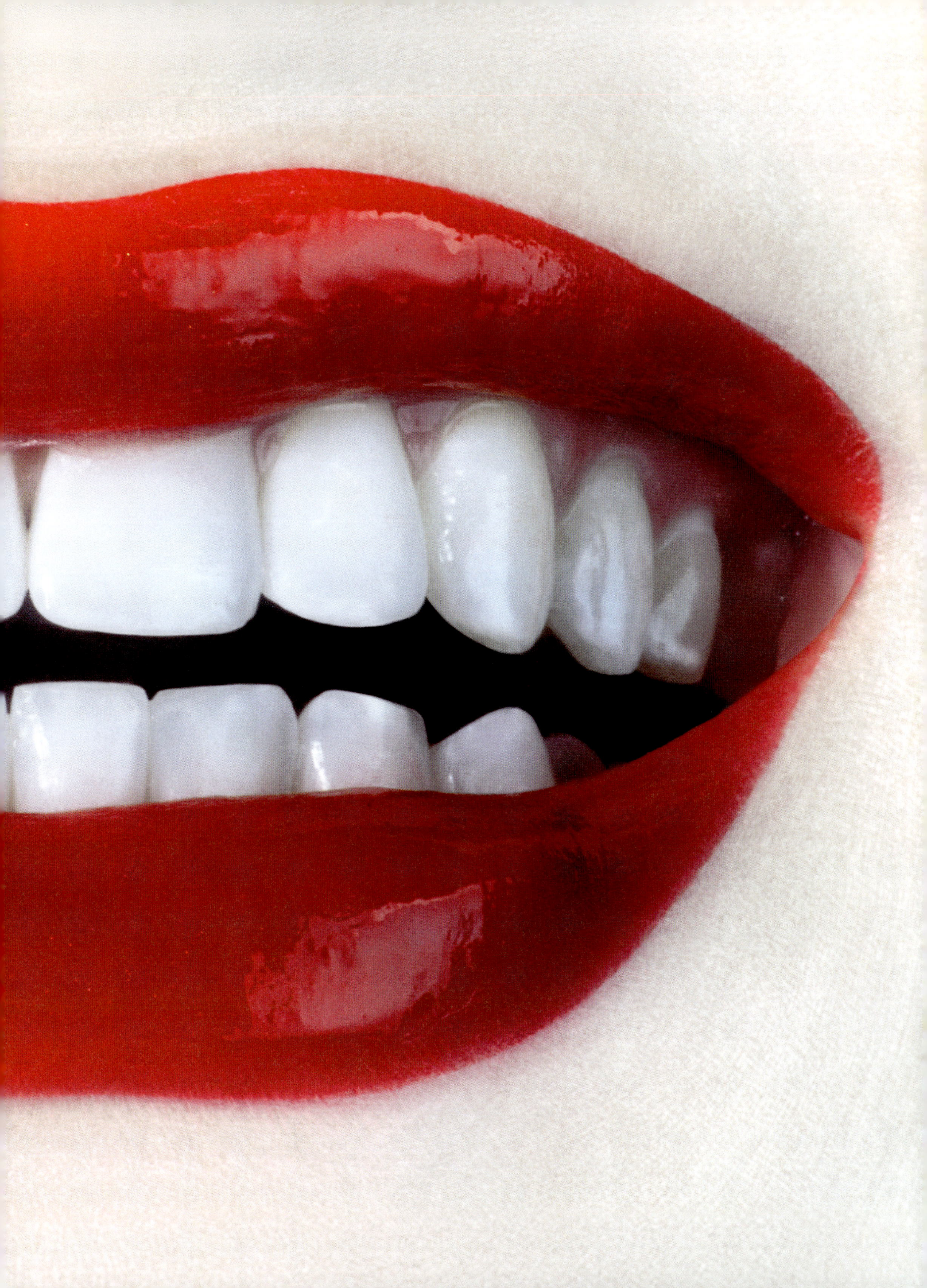

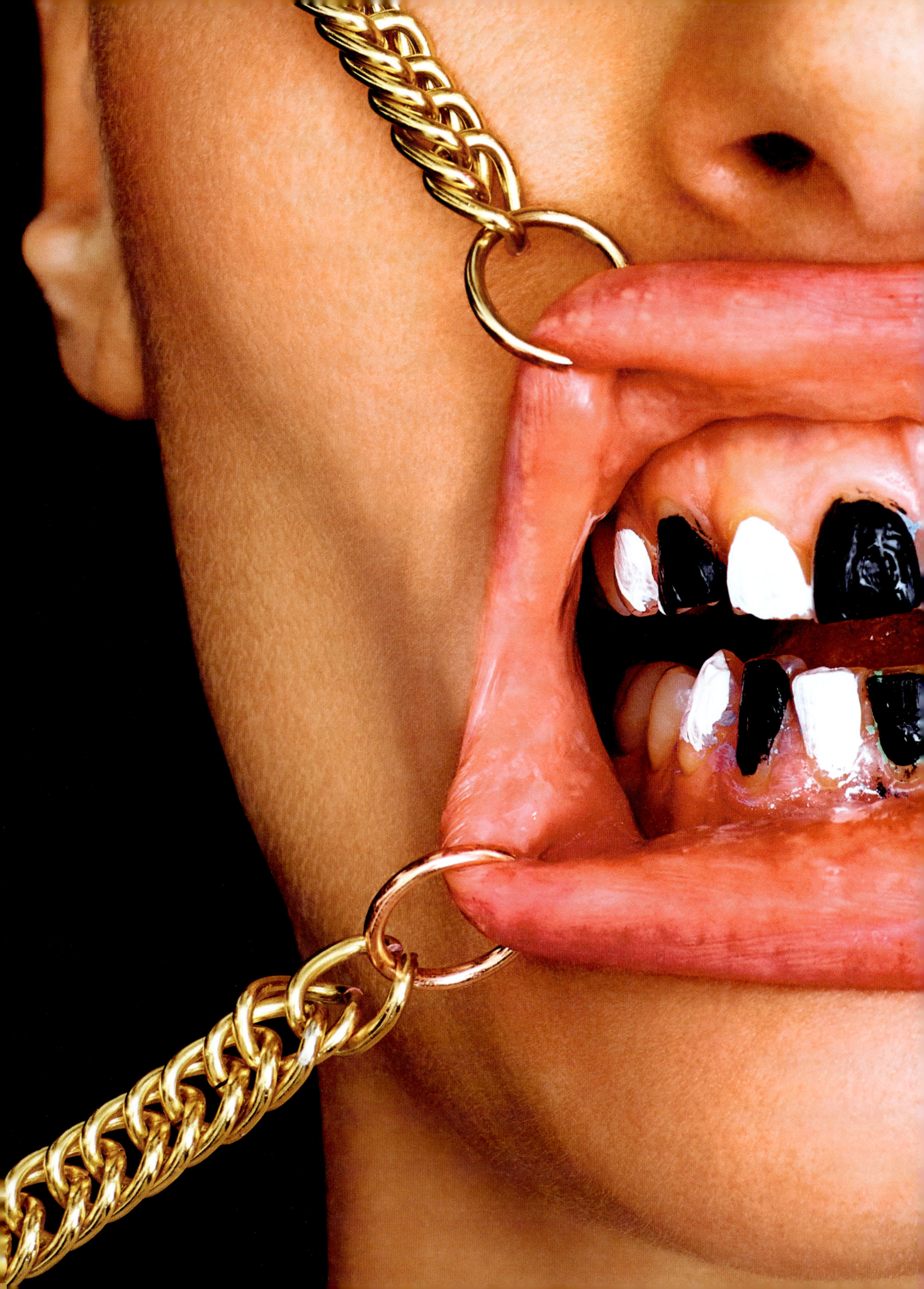

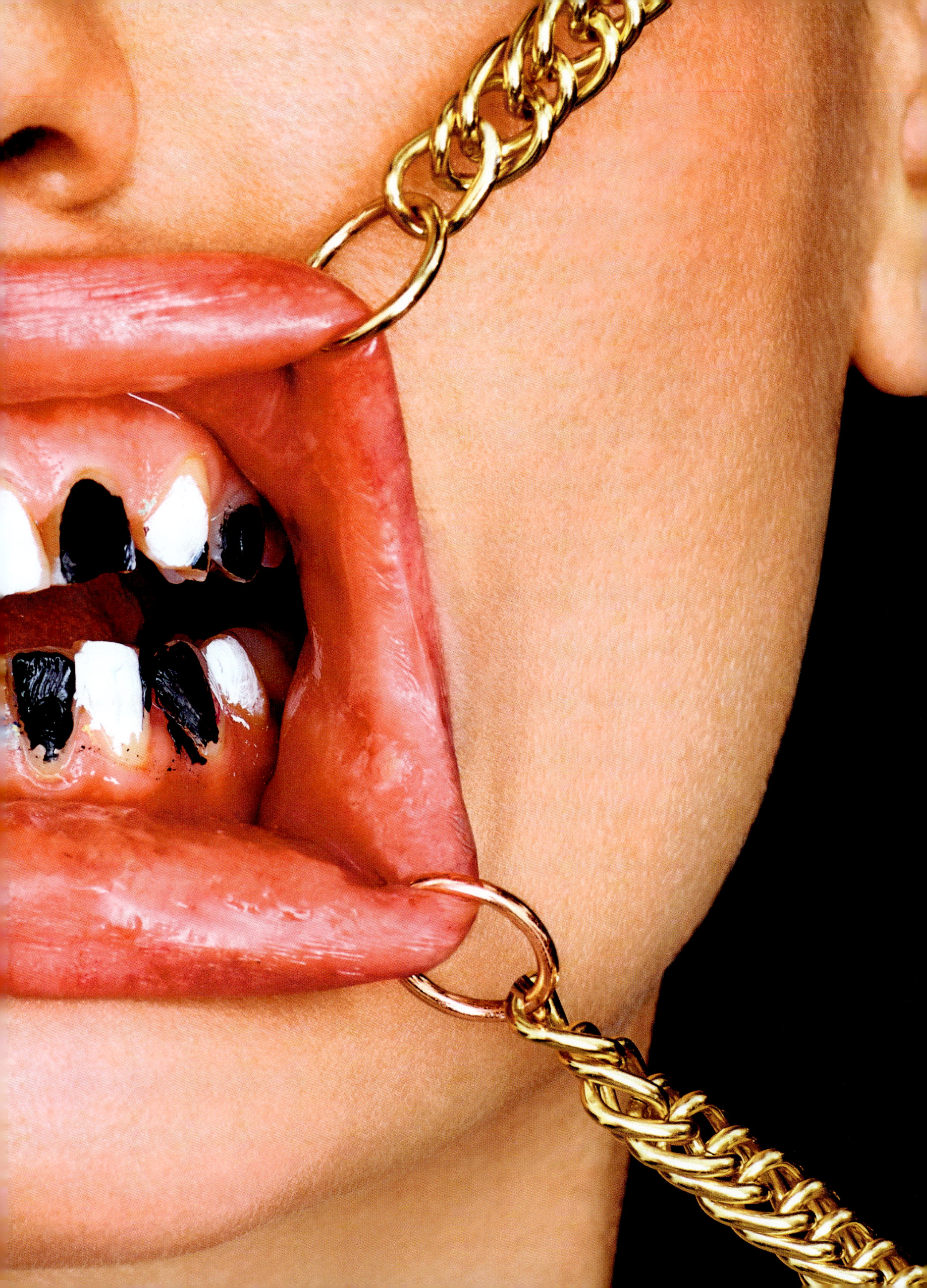

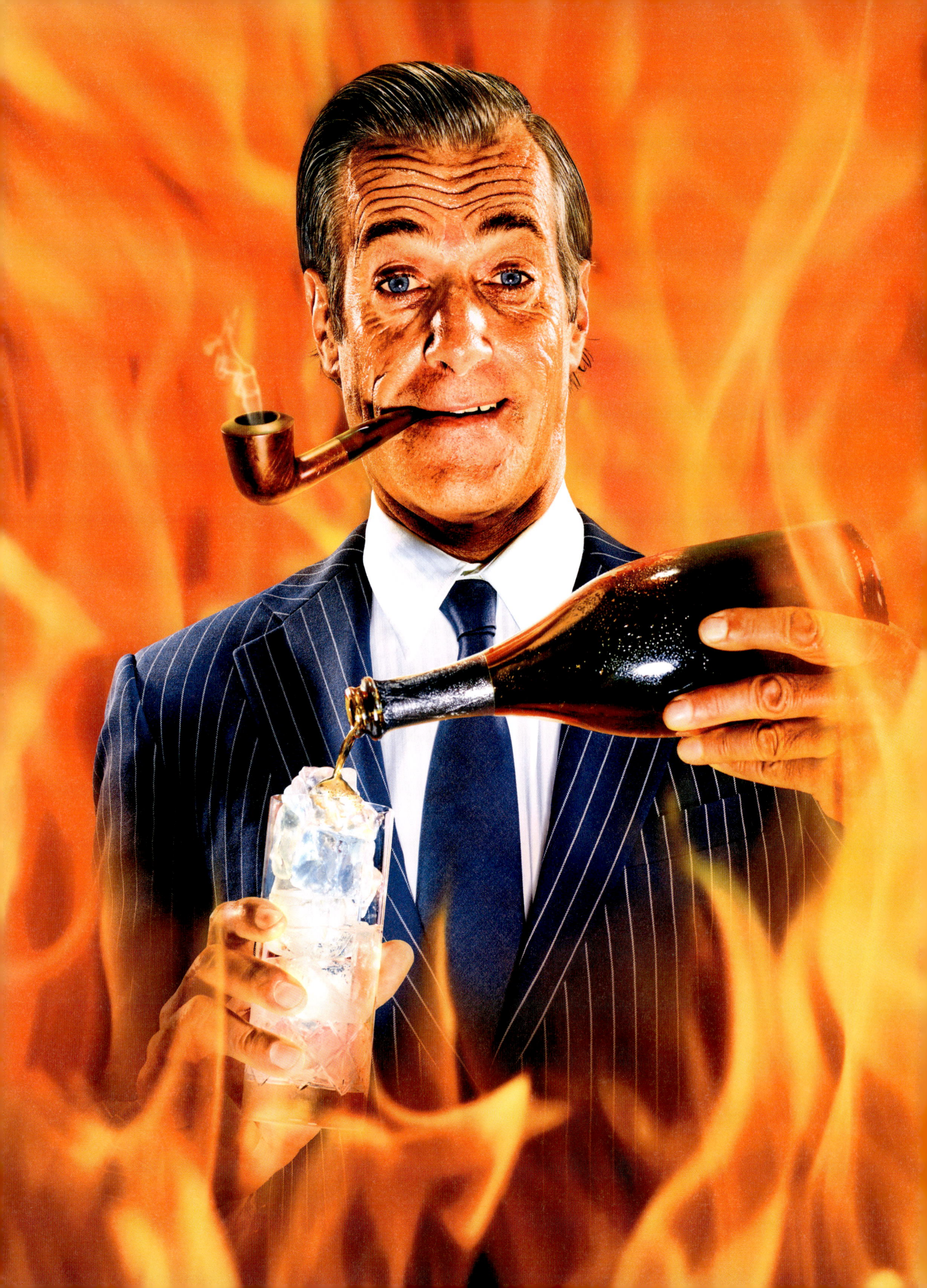

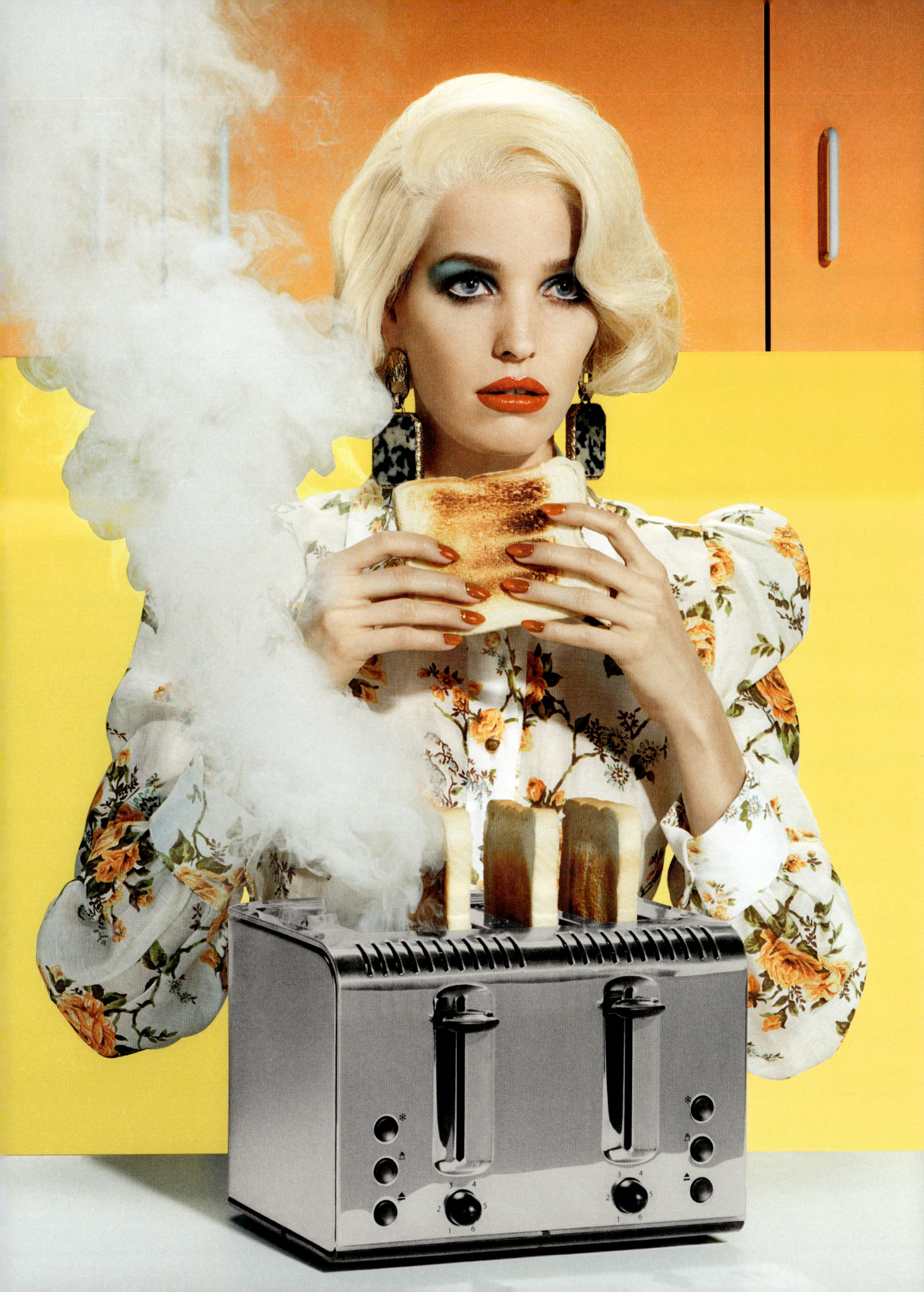

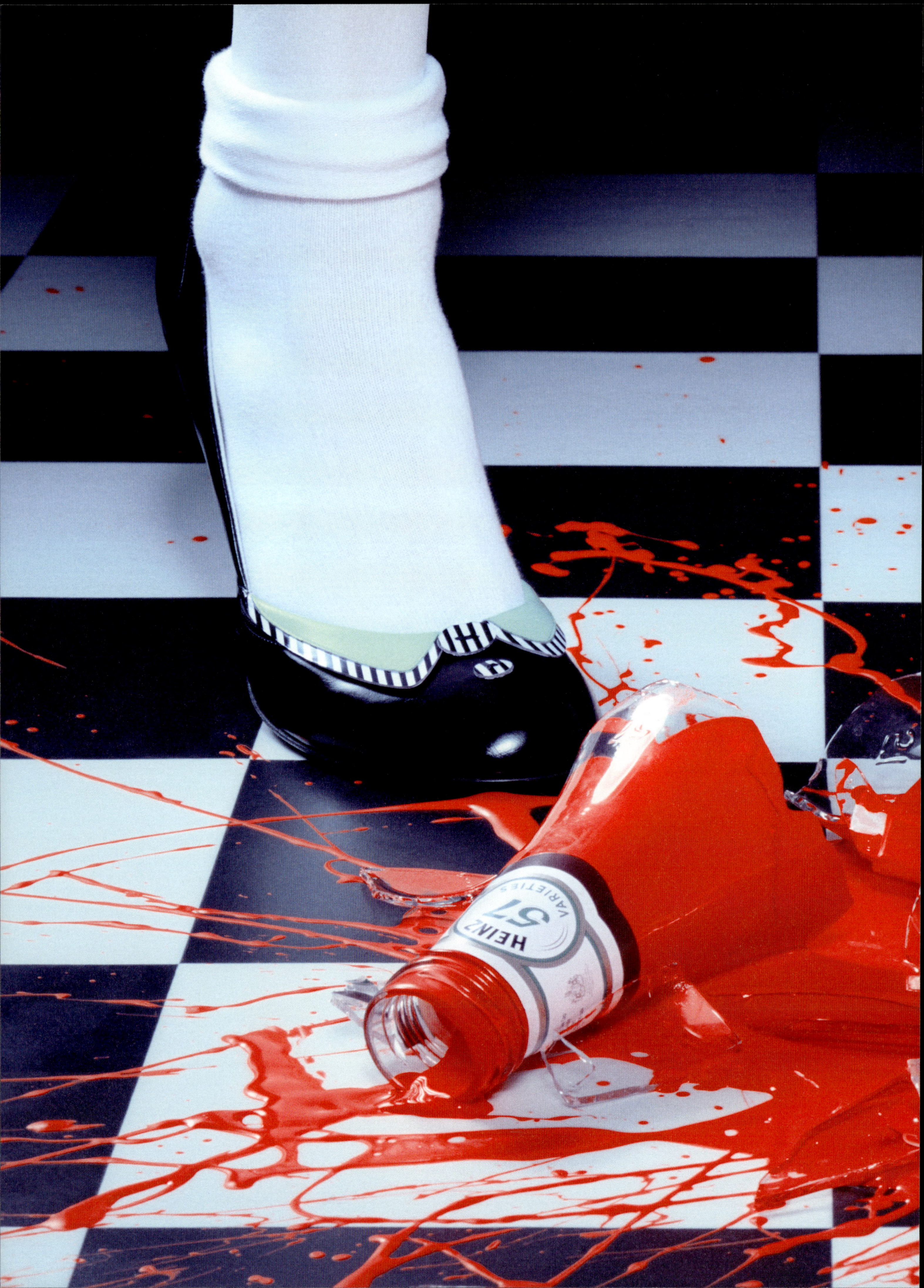

HEINZ
57
VARIETIES

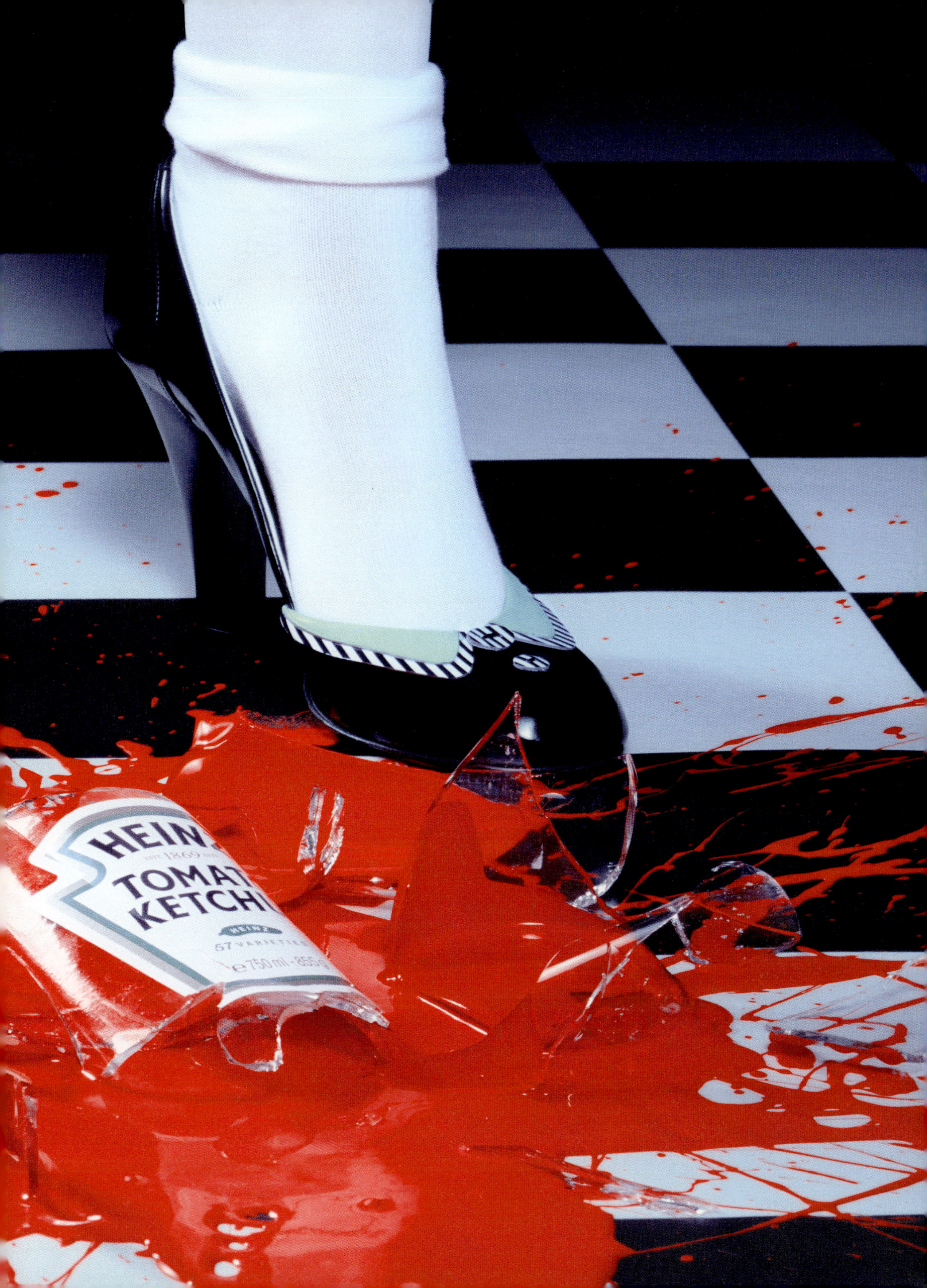

HEIN
EST 1869
TOMAT
KETCHI
HEINZ
57 VARIETIES
e 750 ml - 855

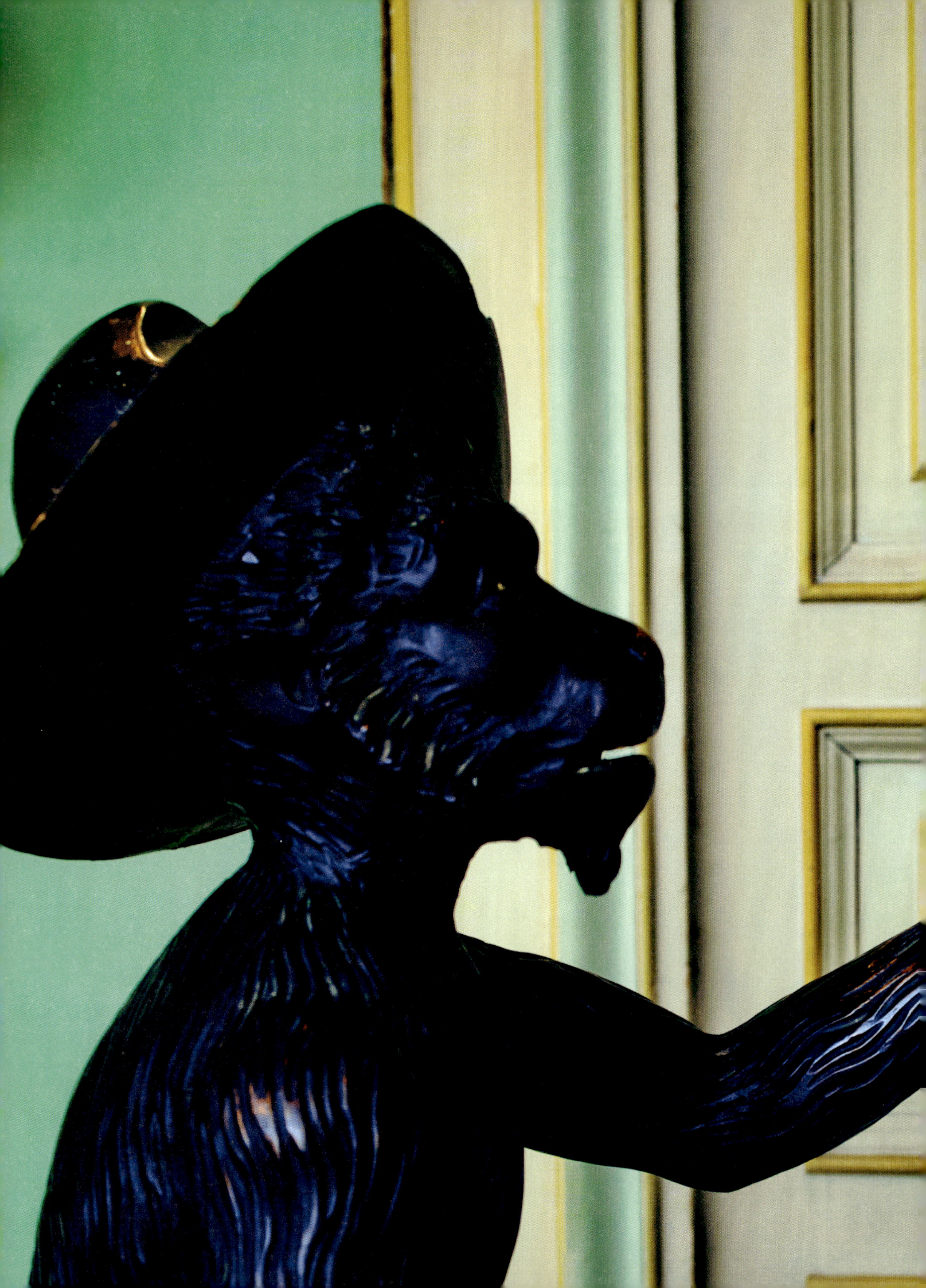

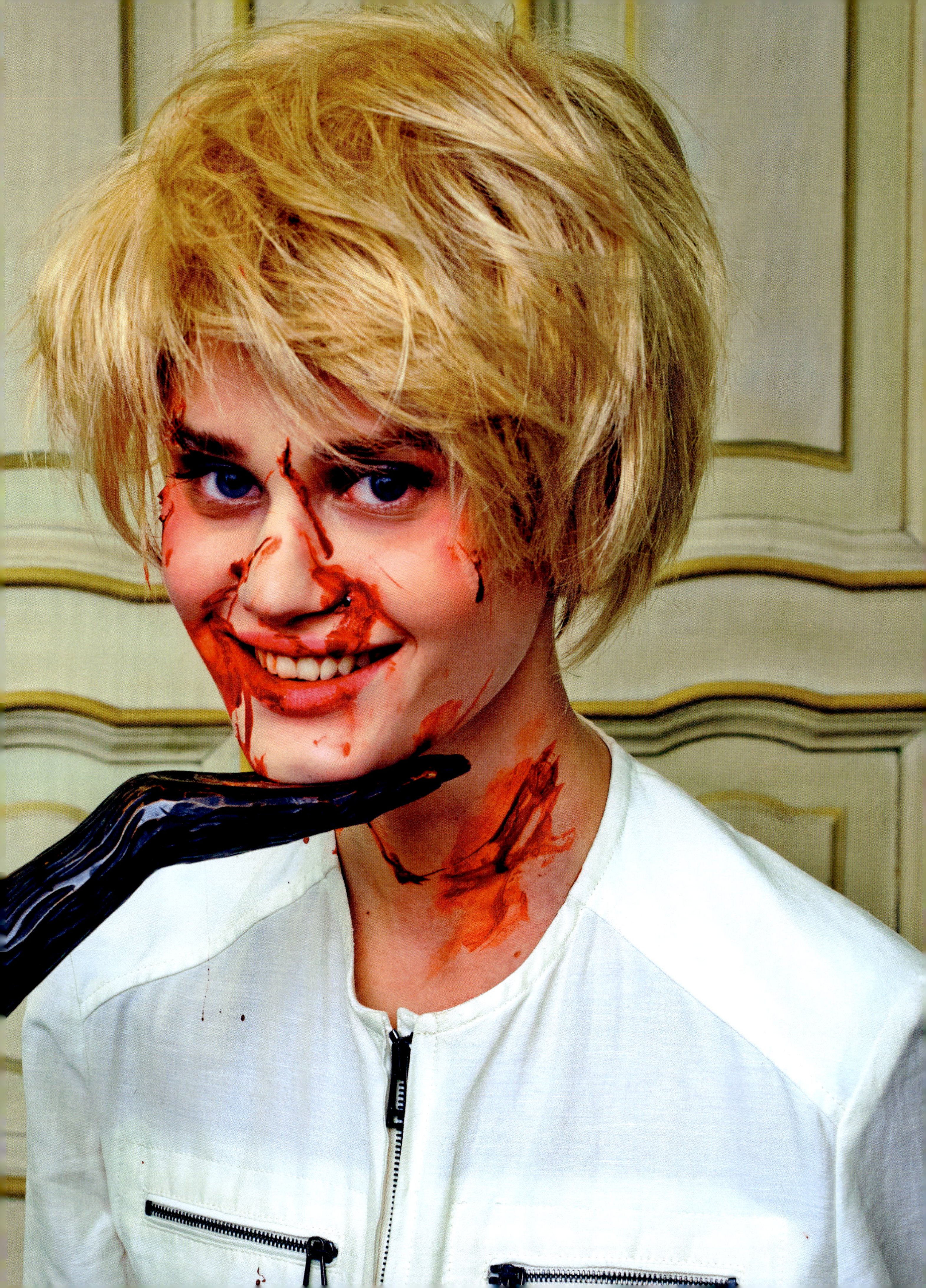

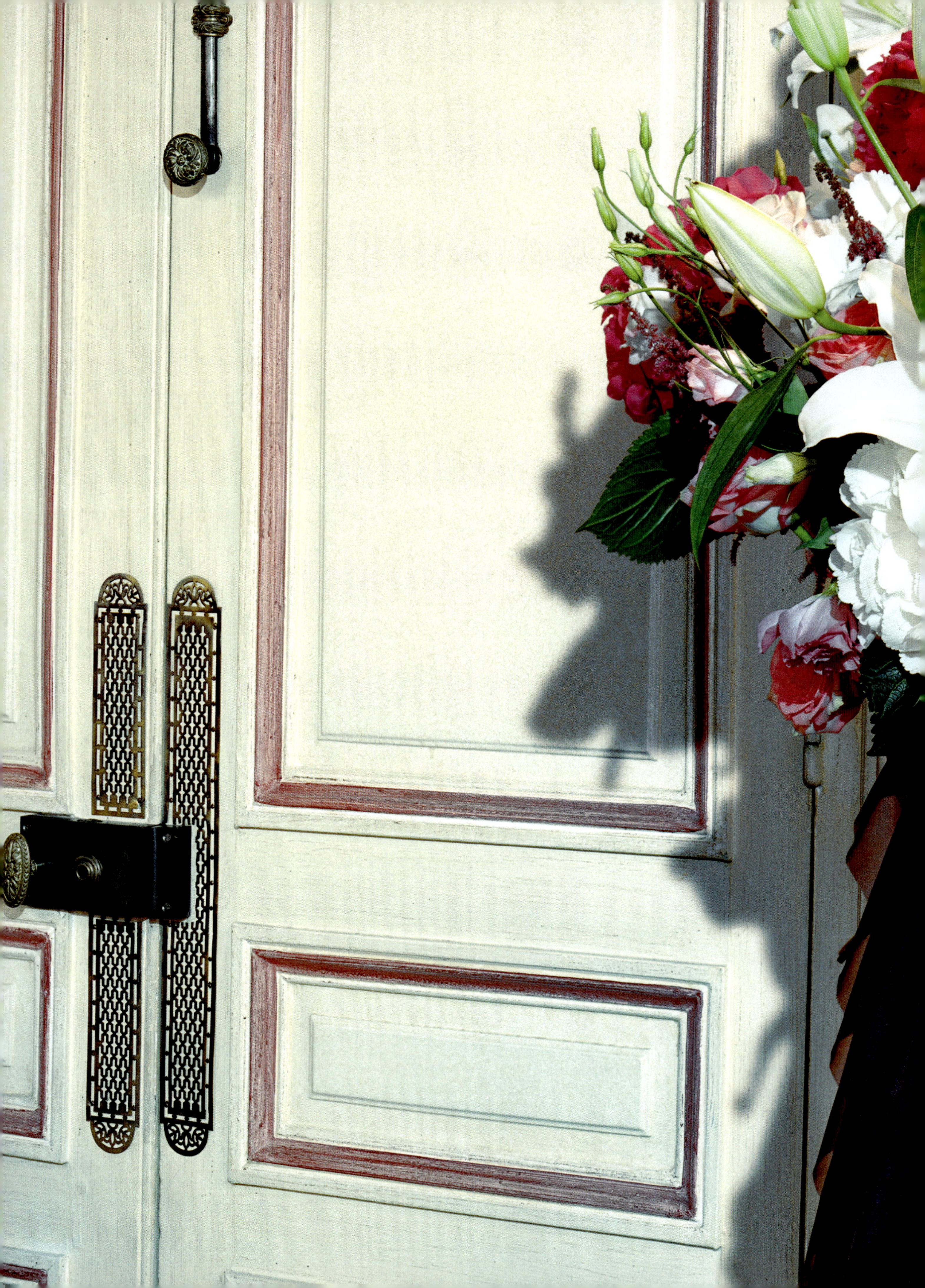

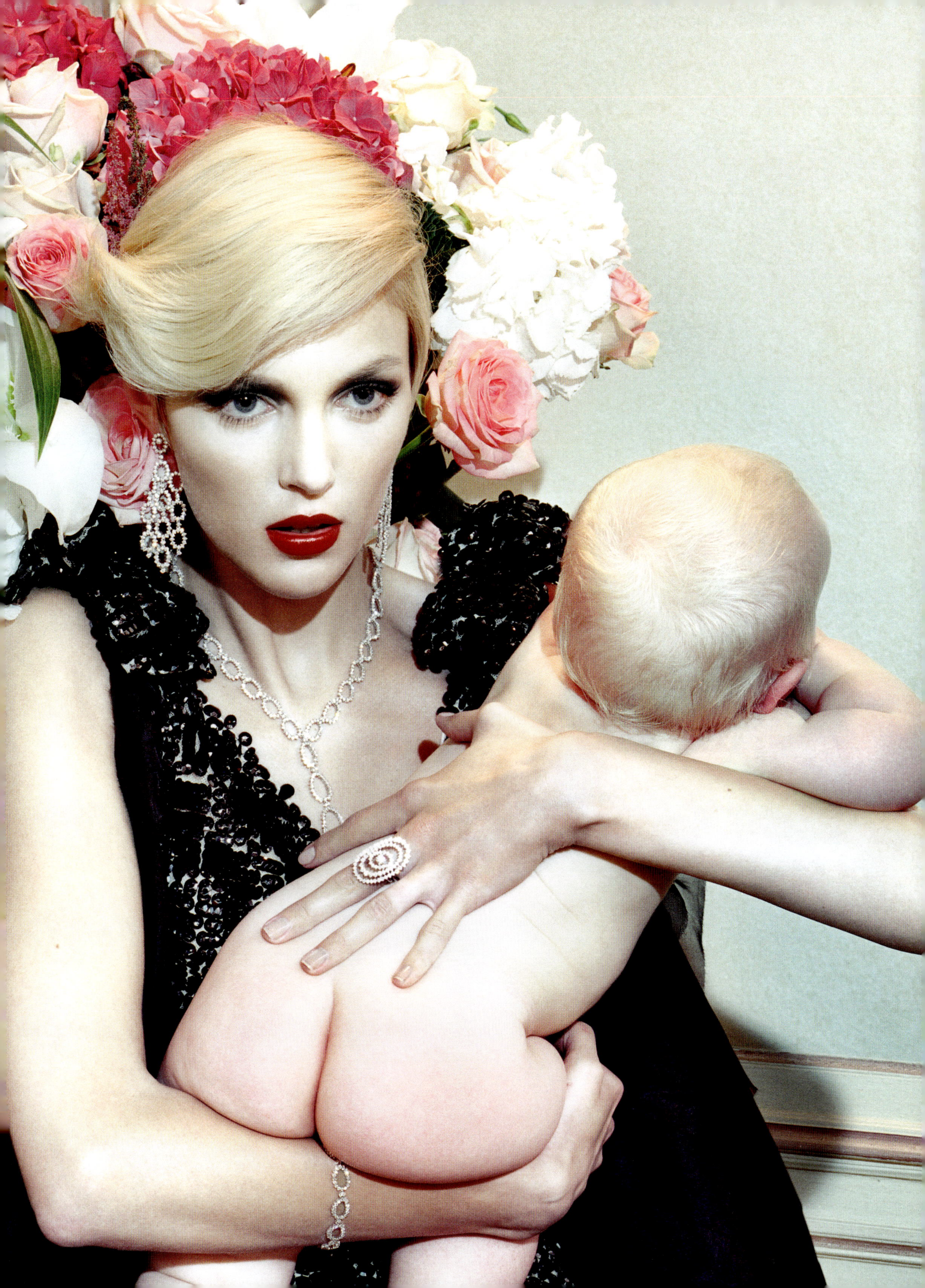

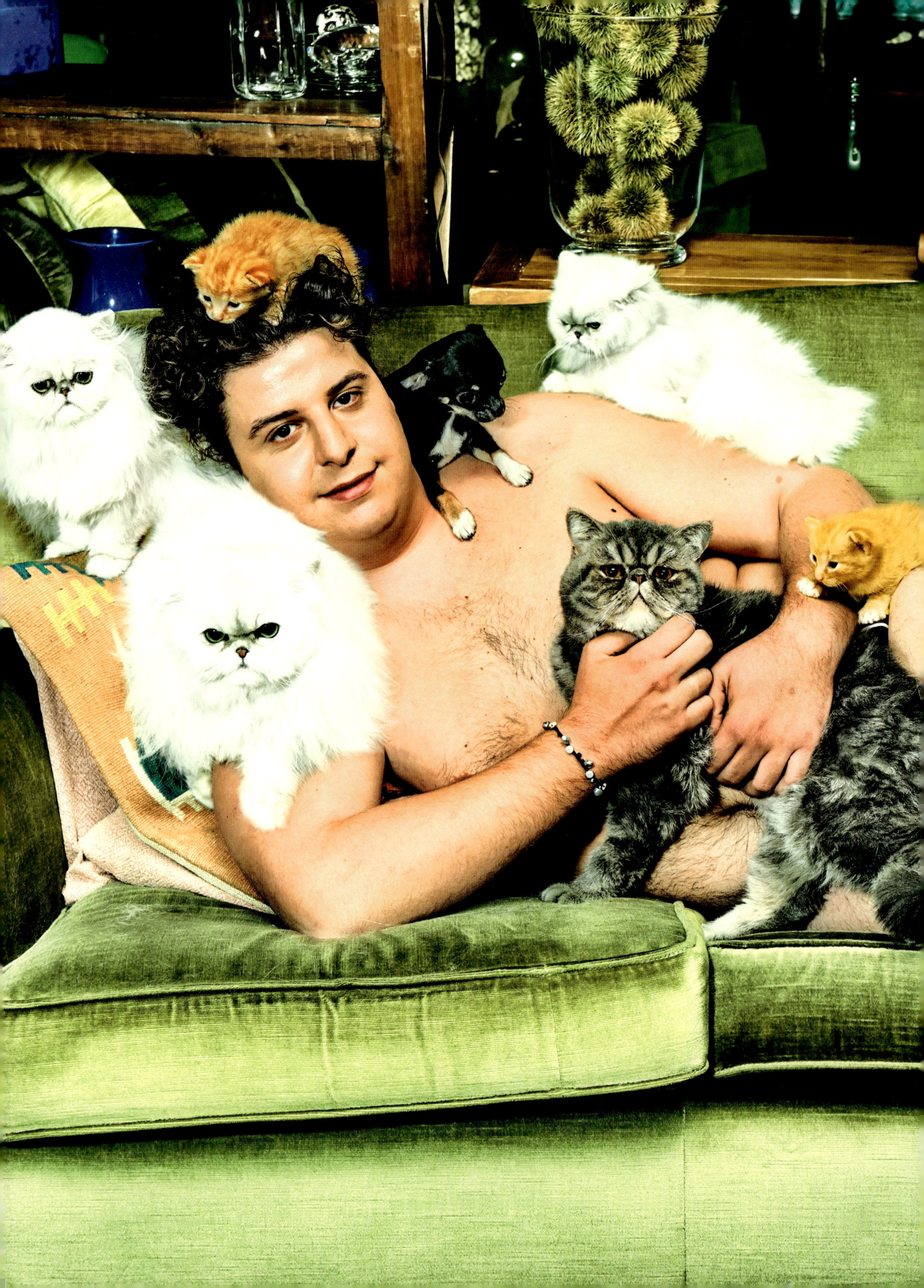

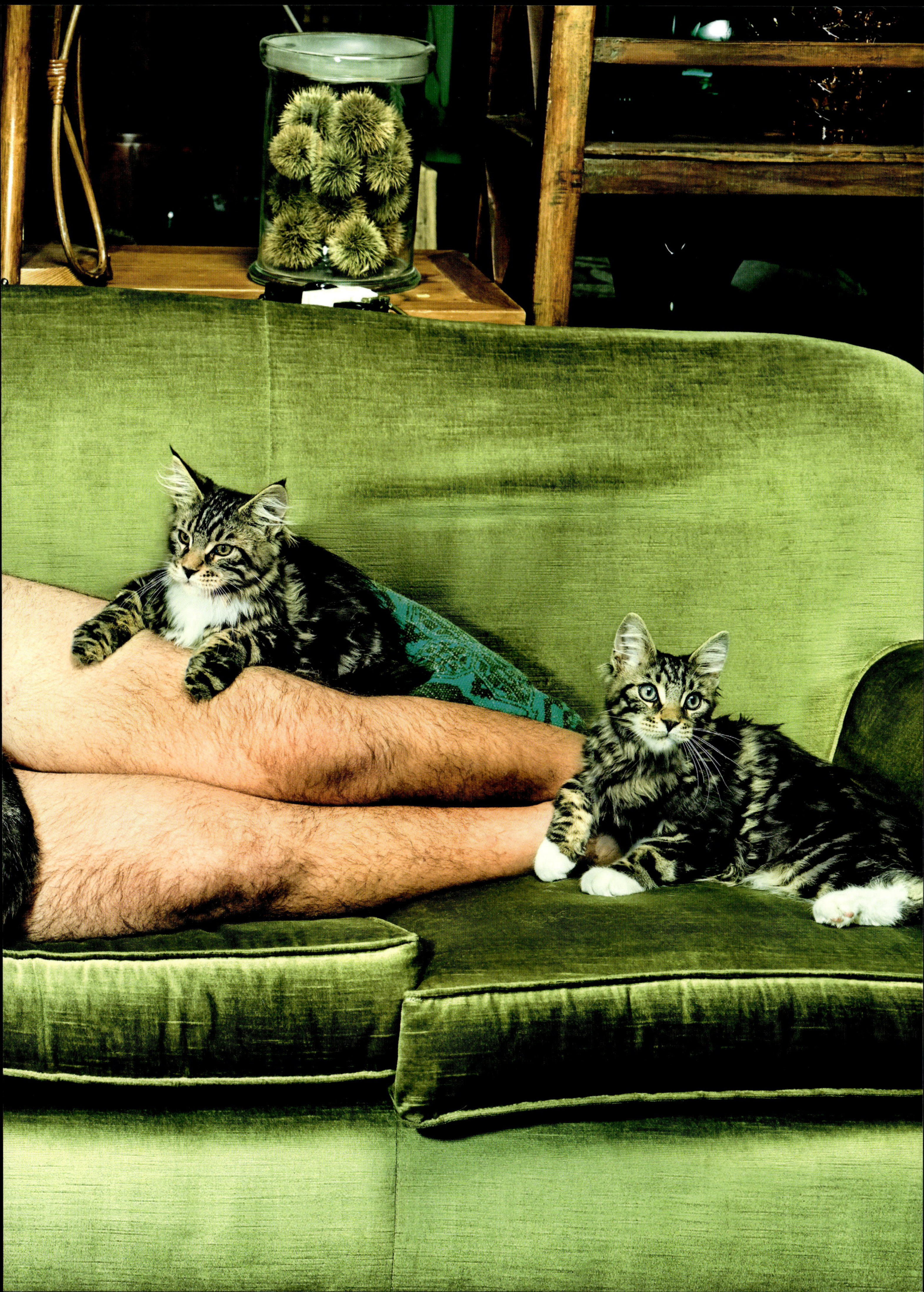

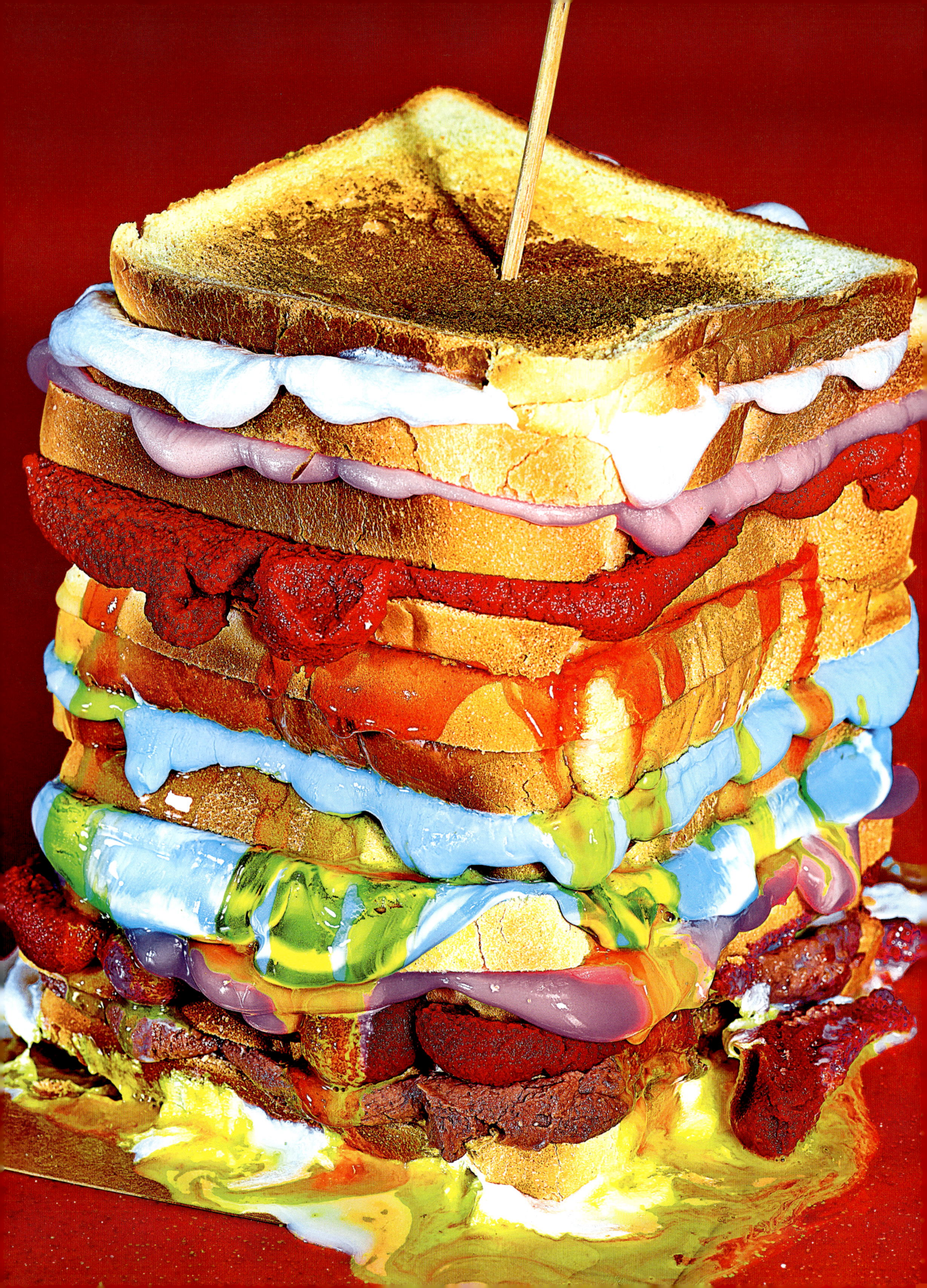

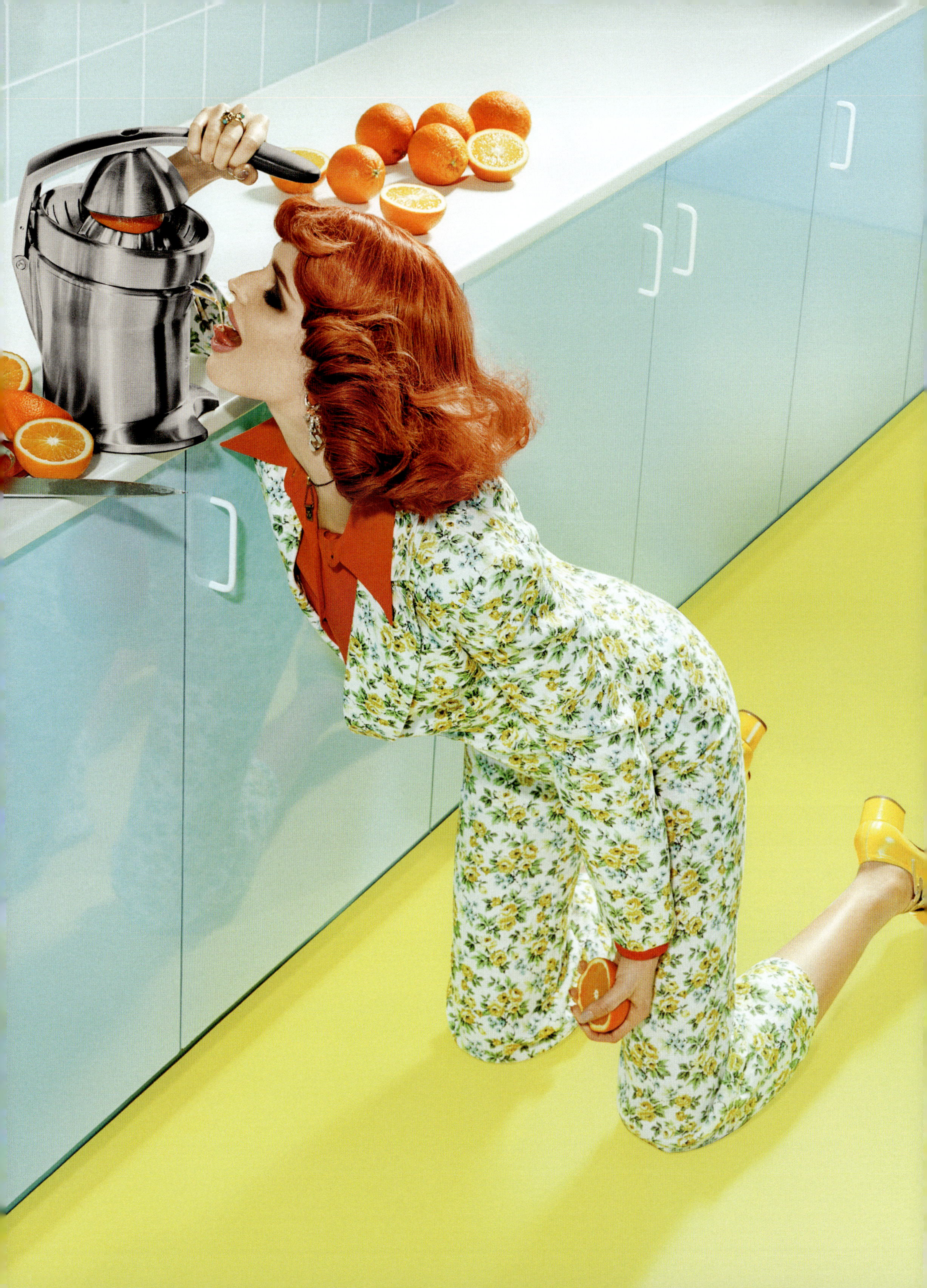

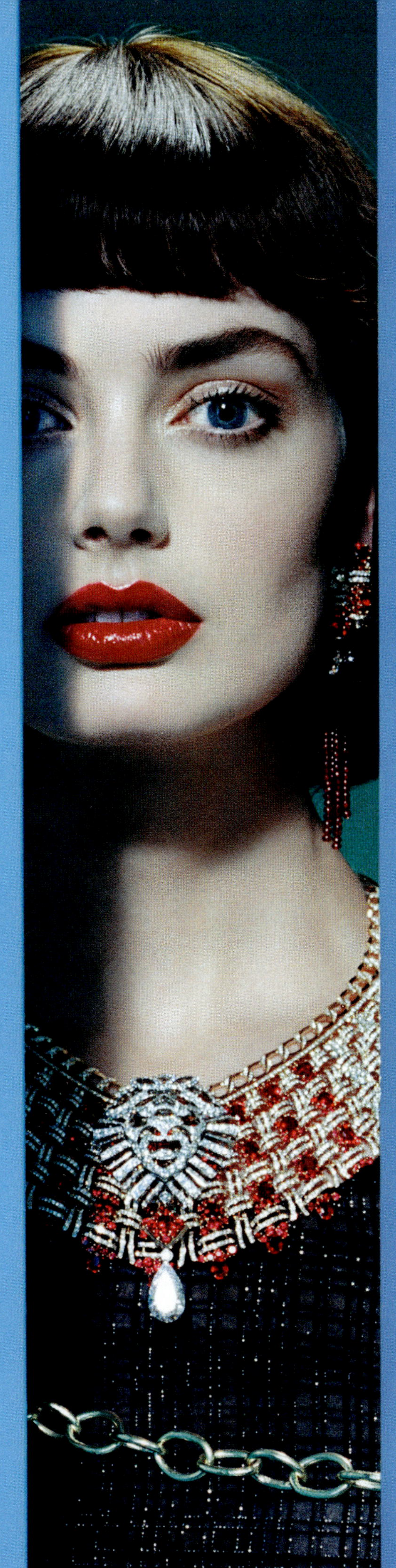
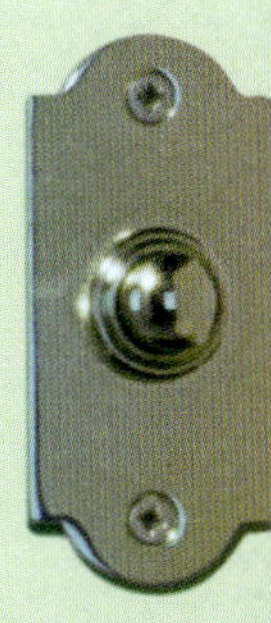
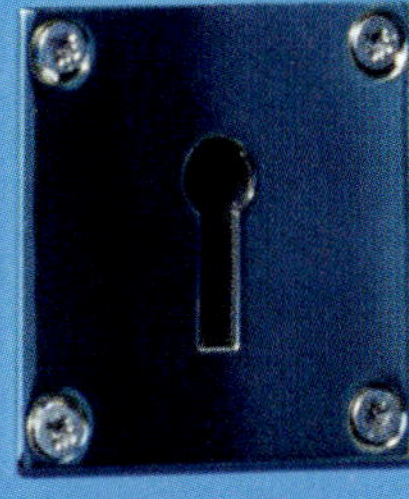

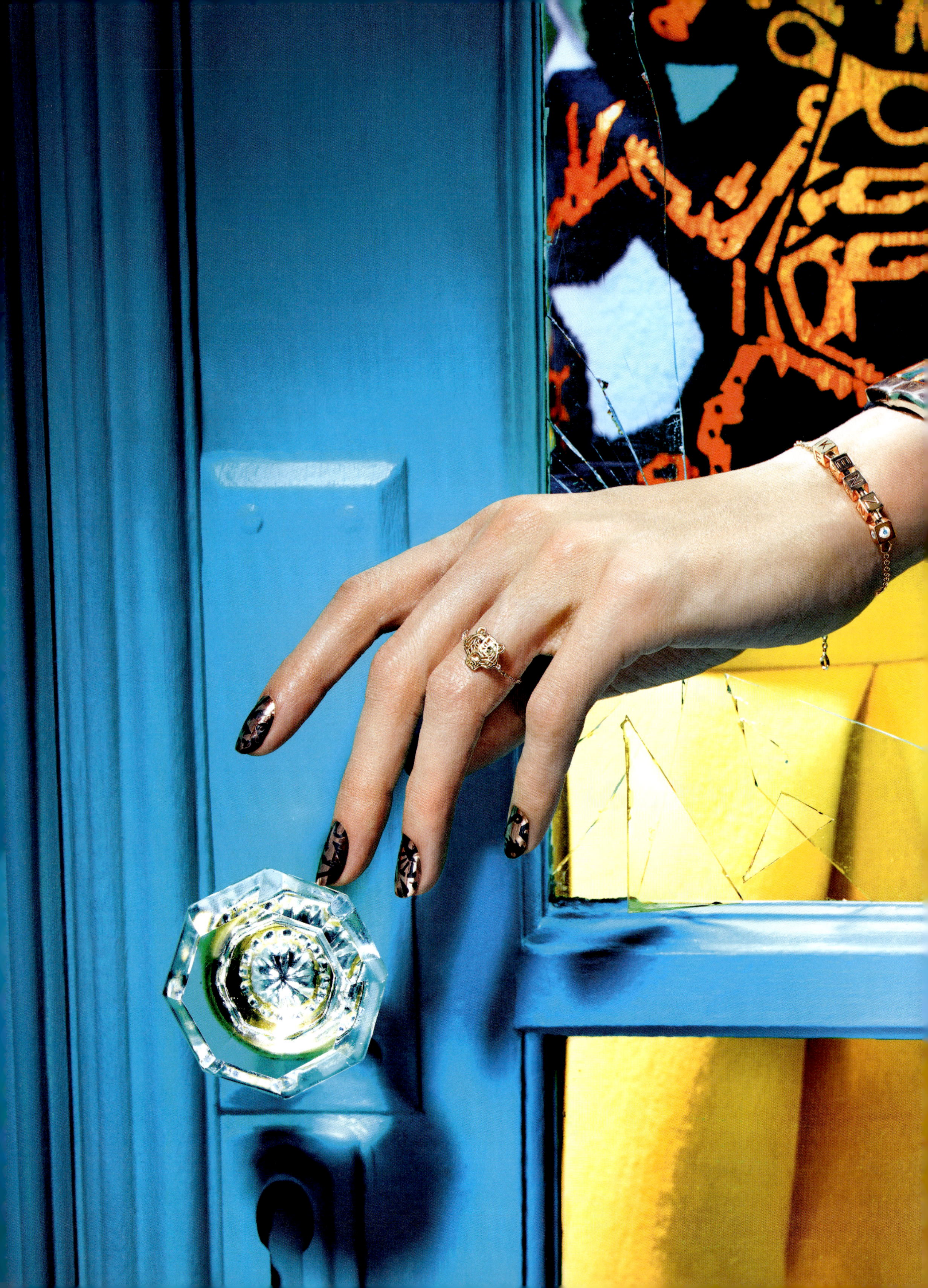

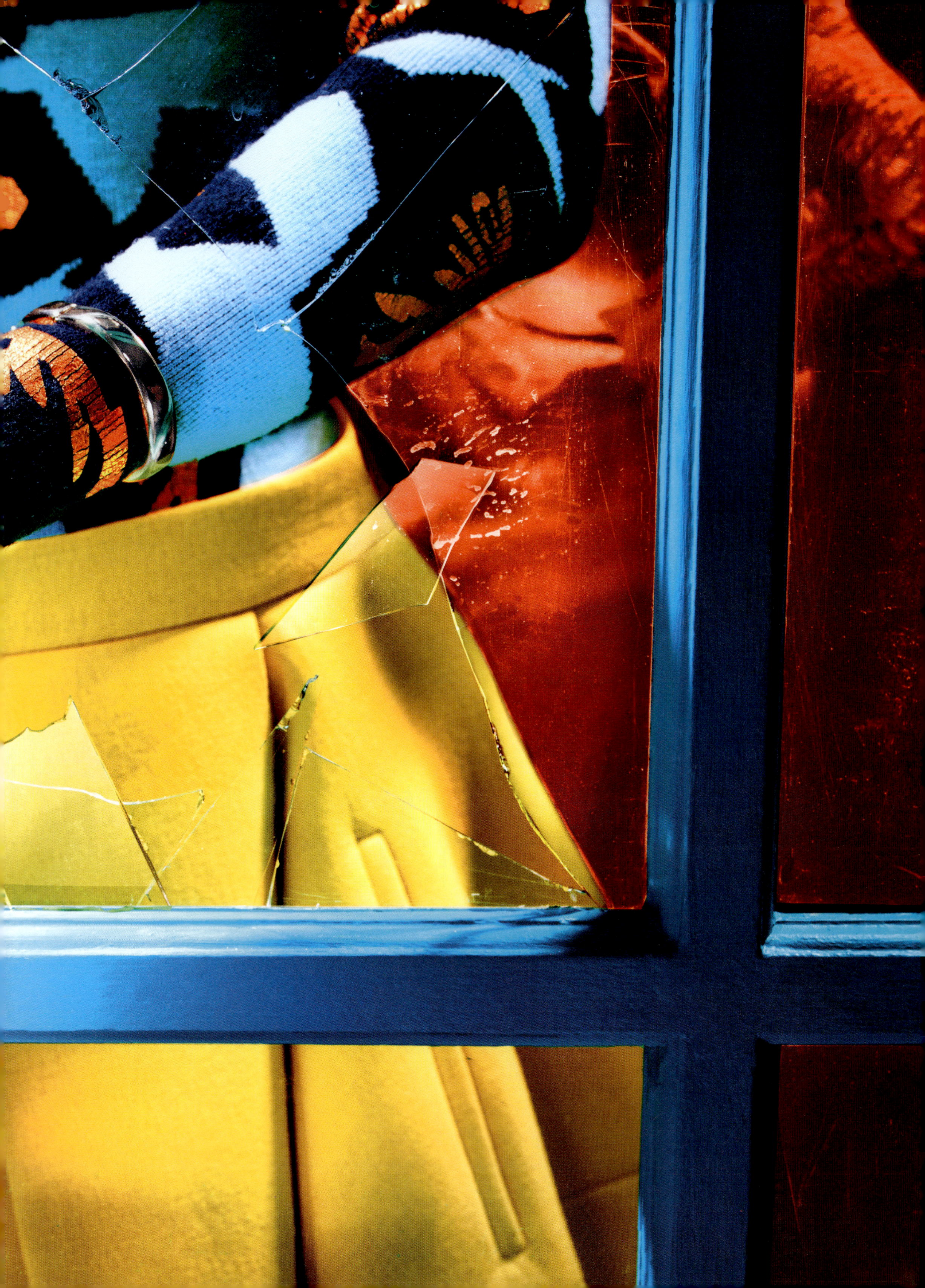

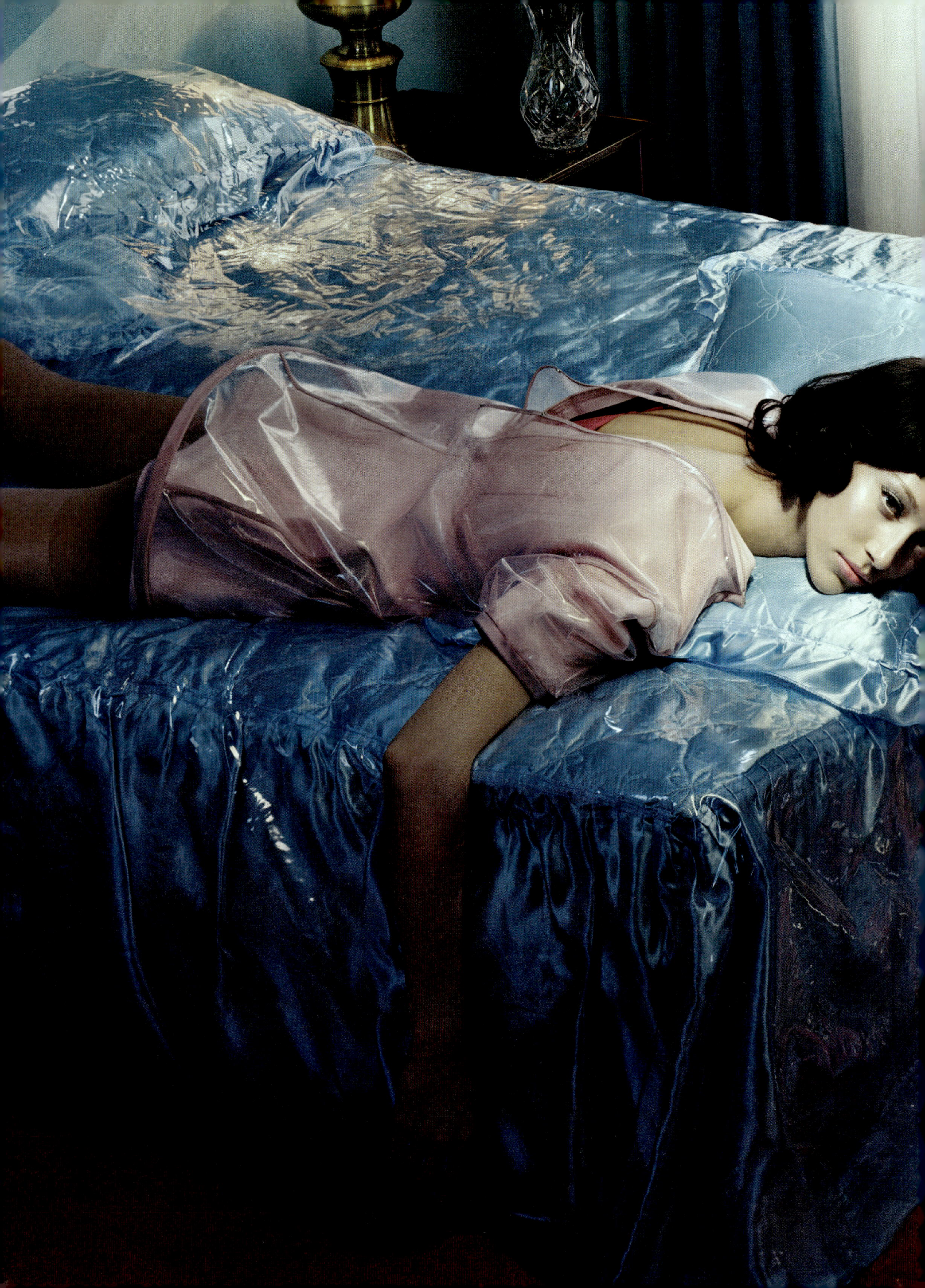

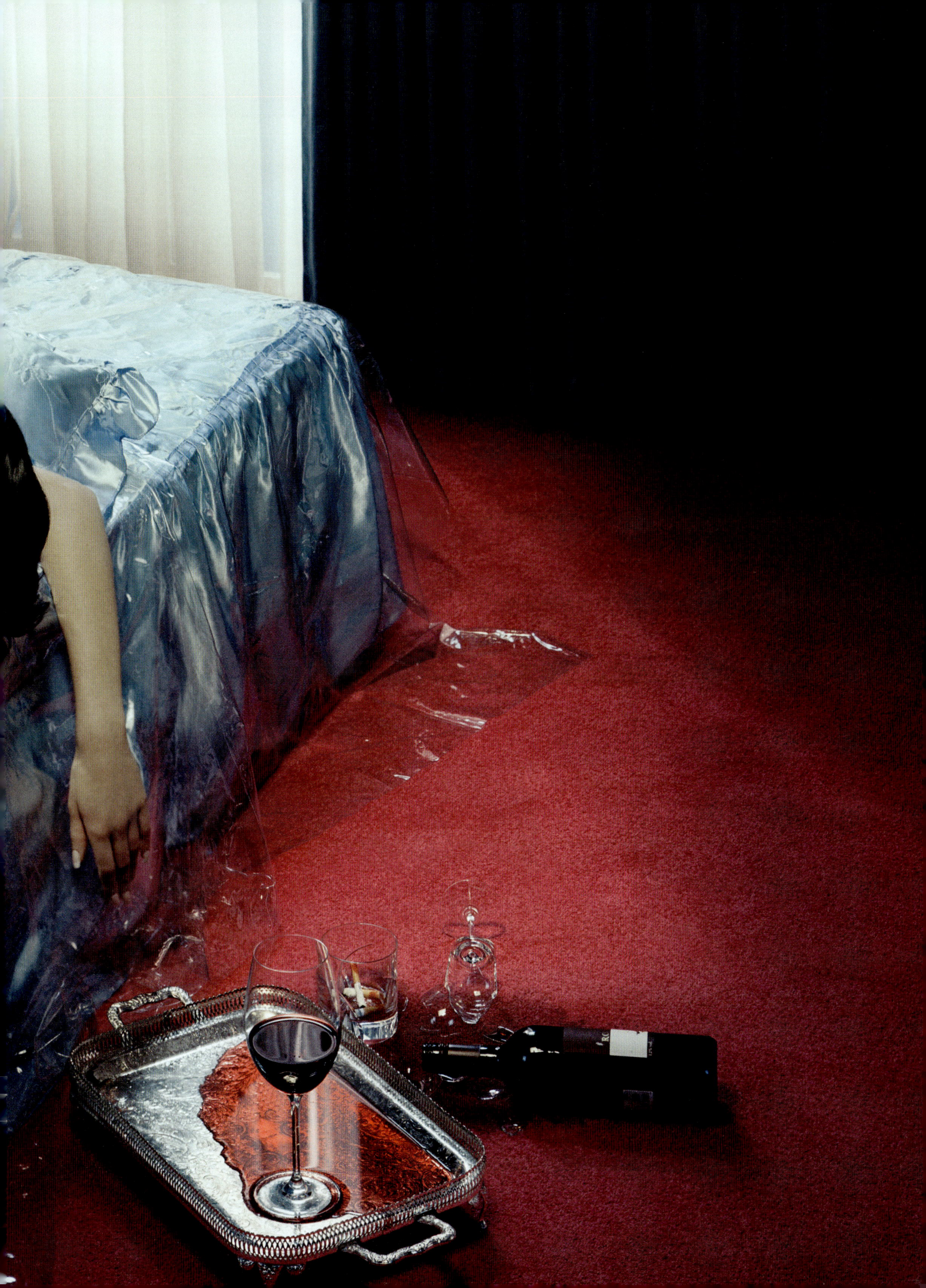

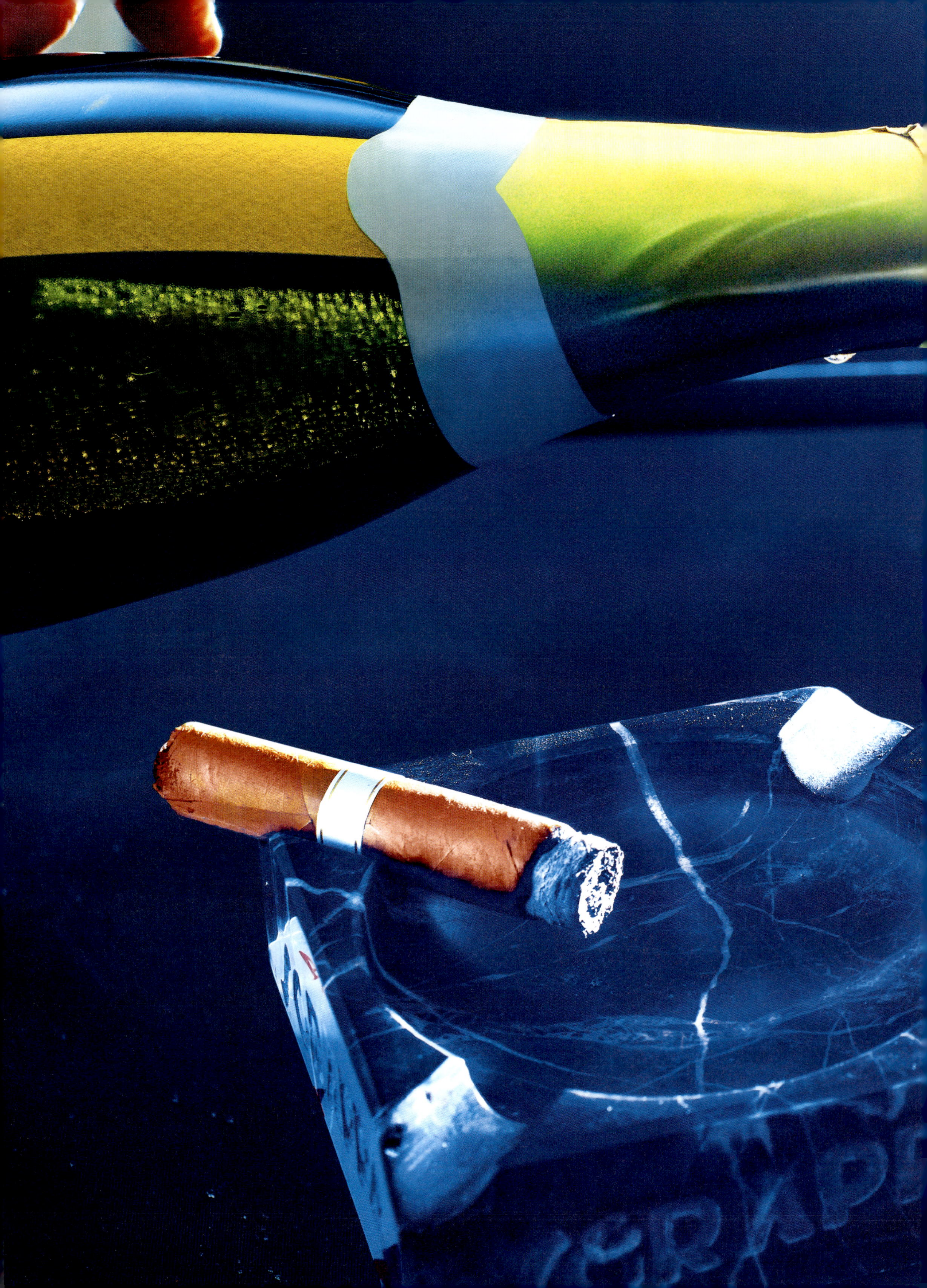

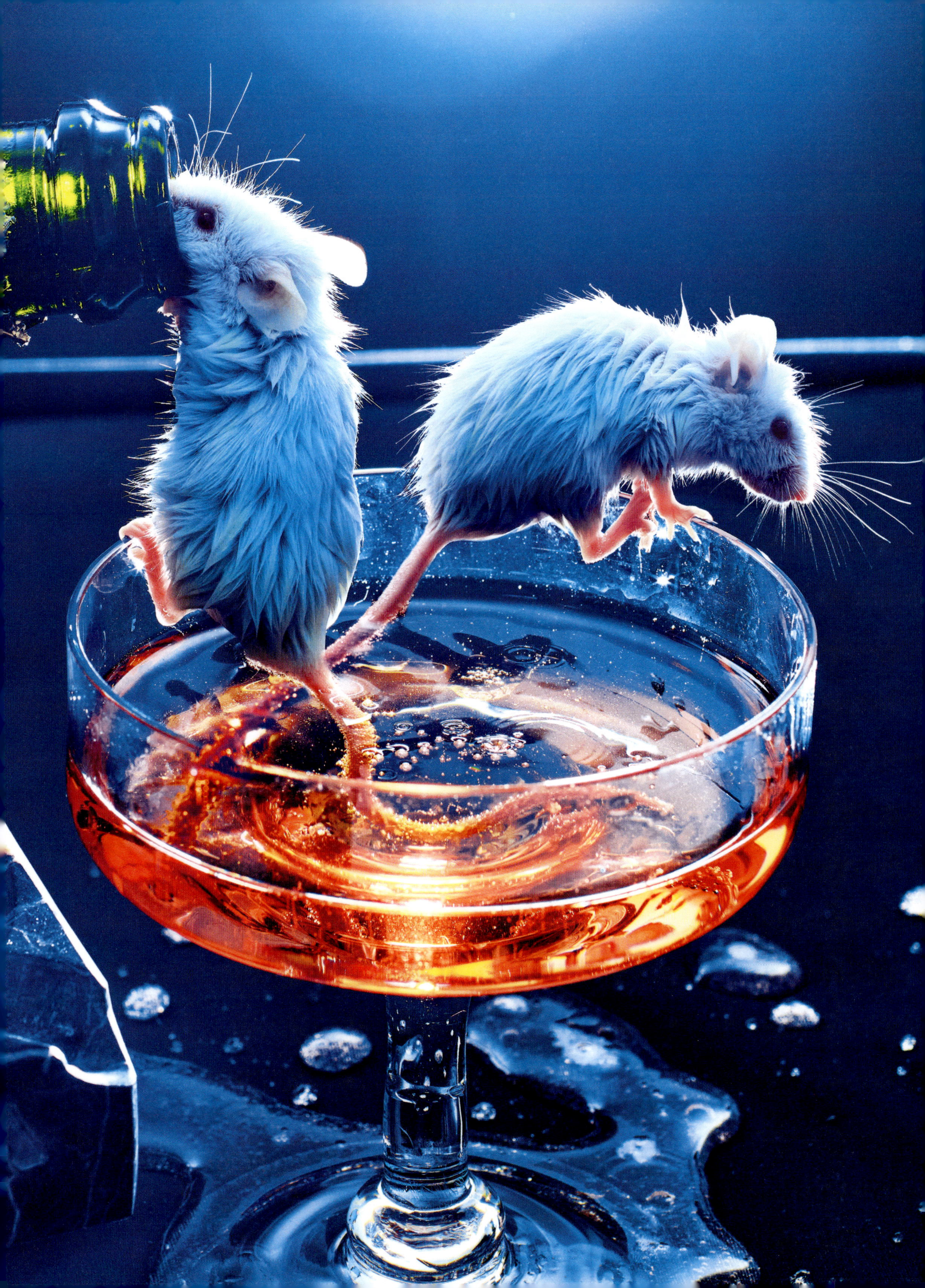

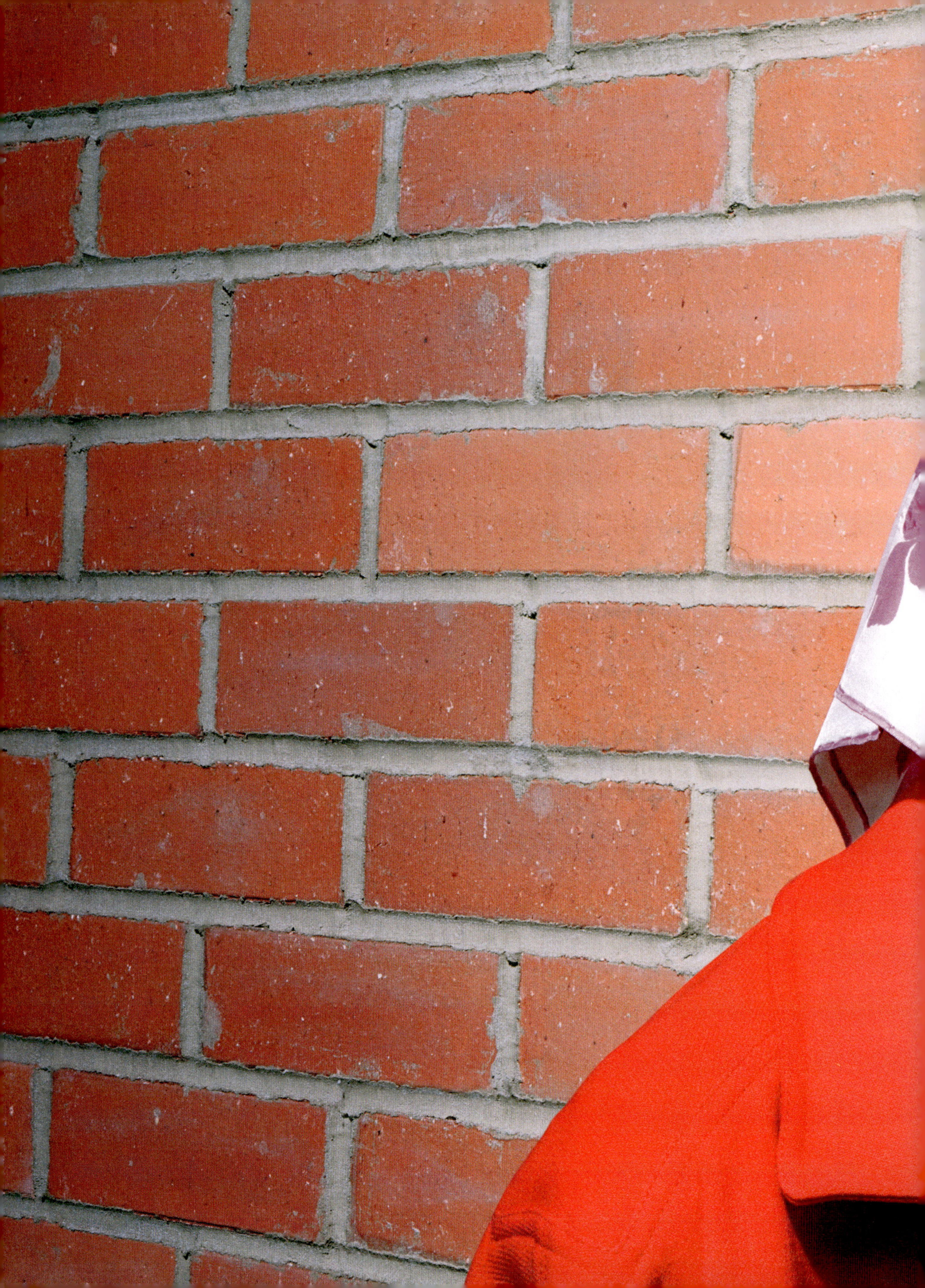

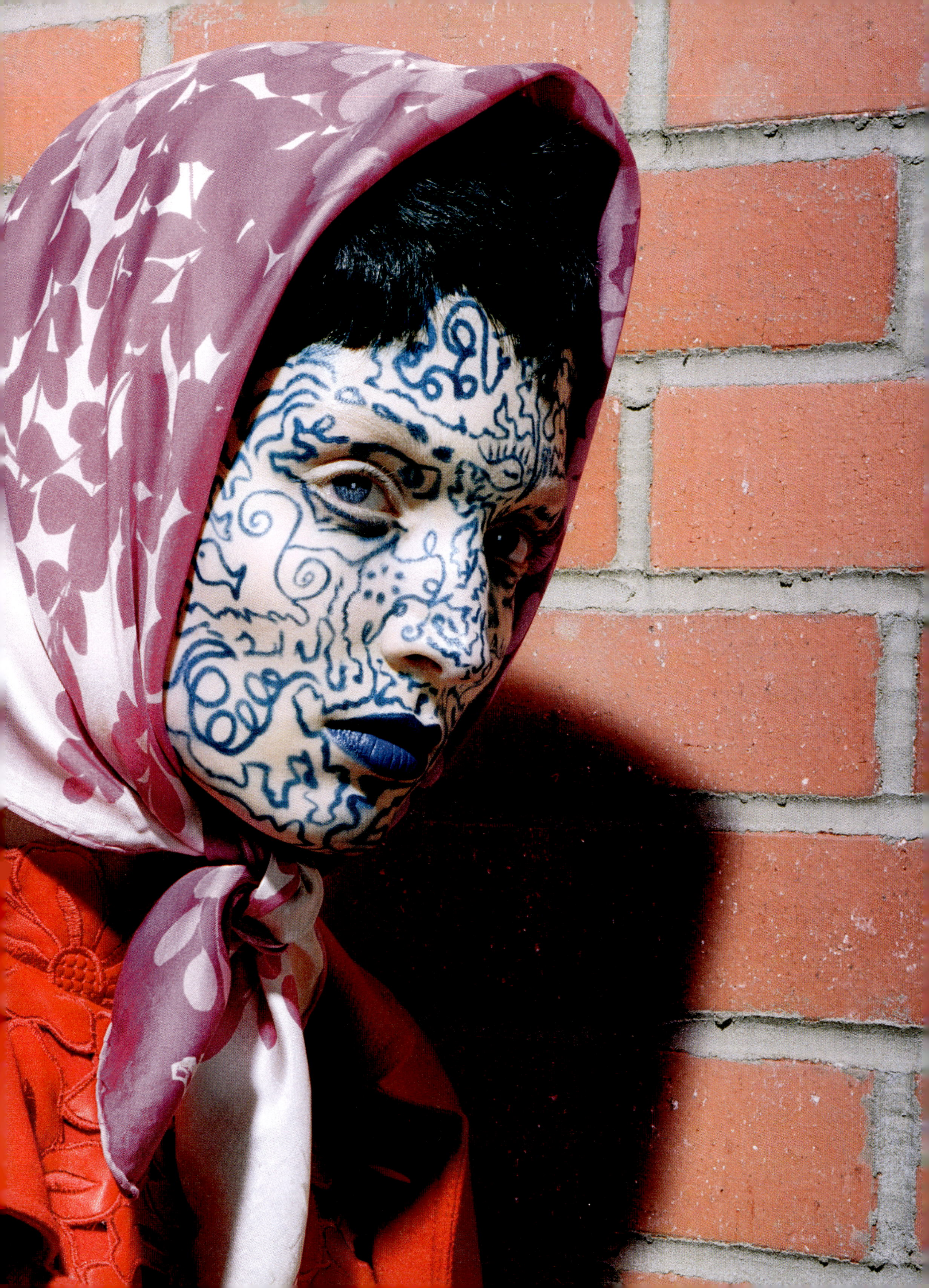

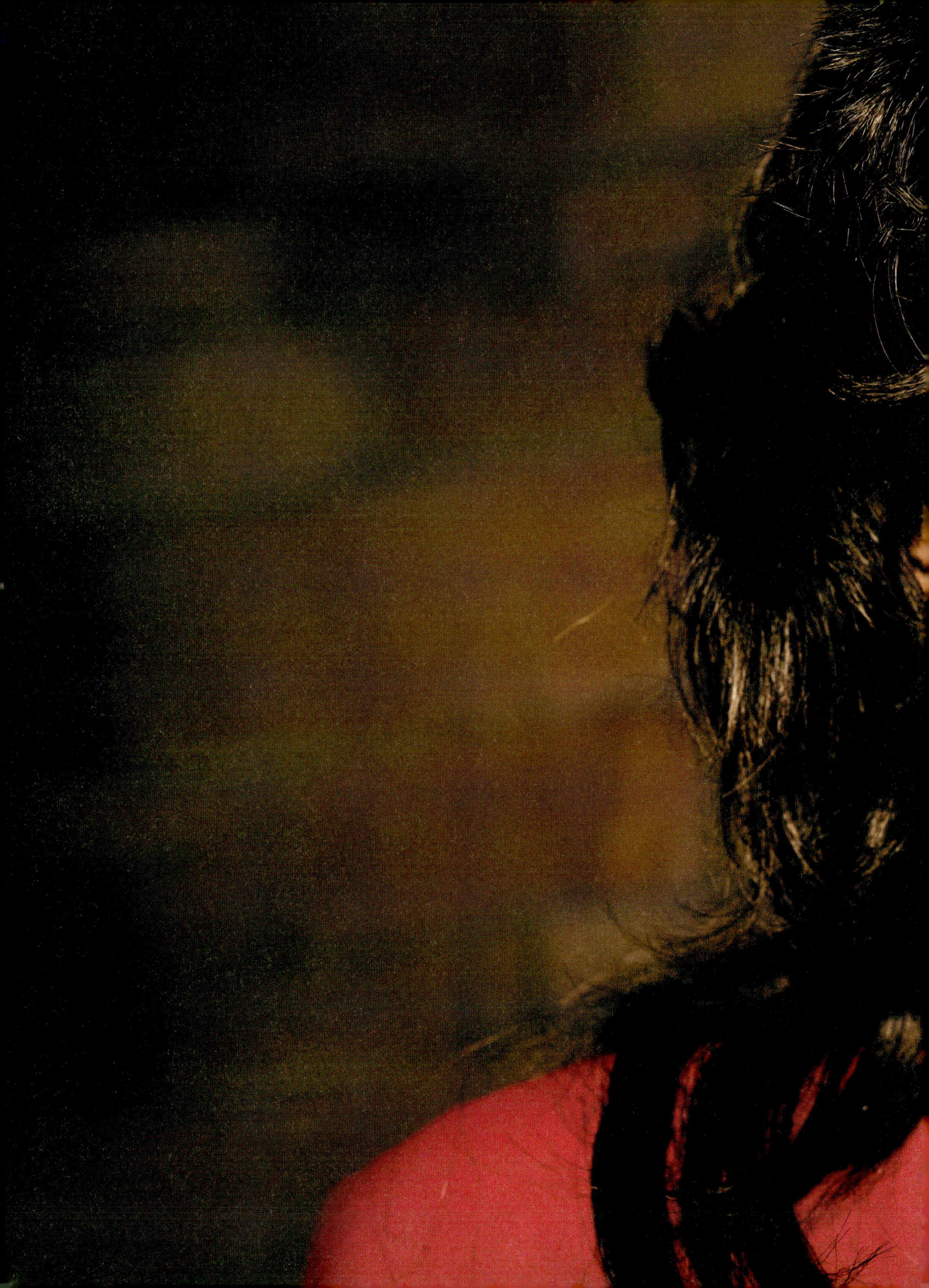

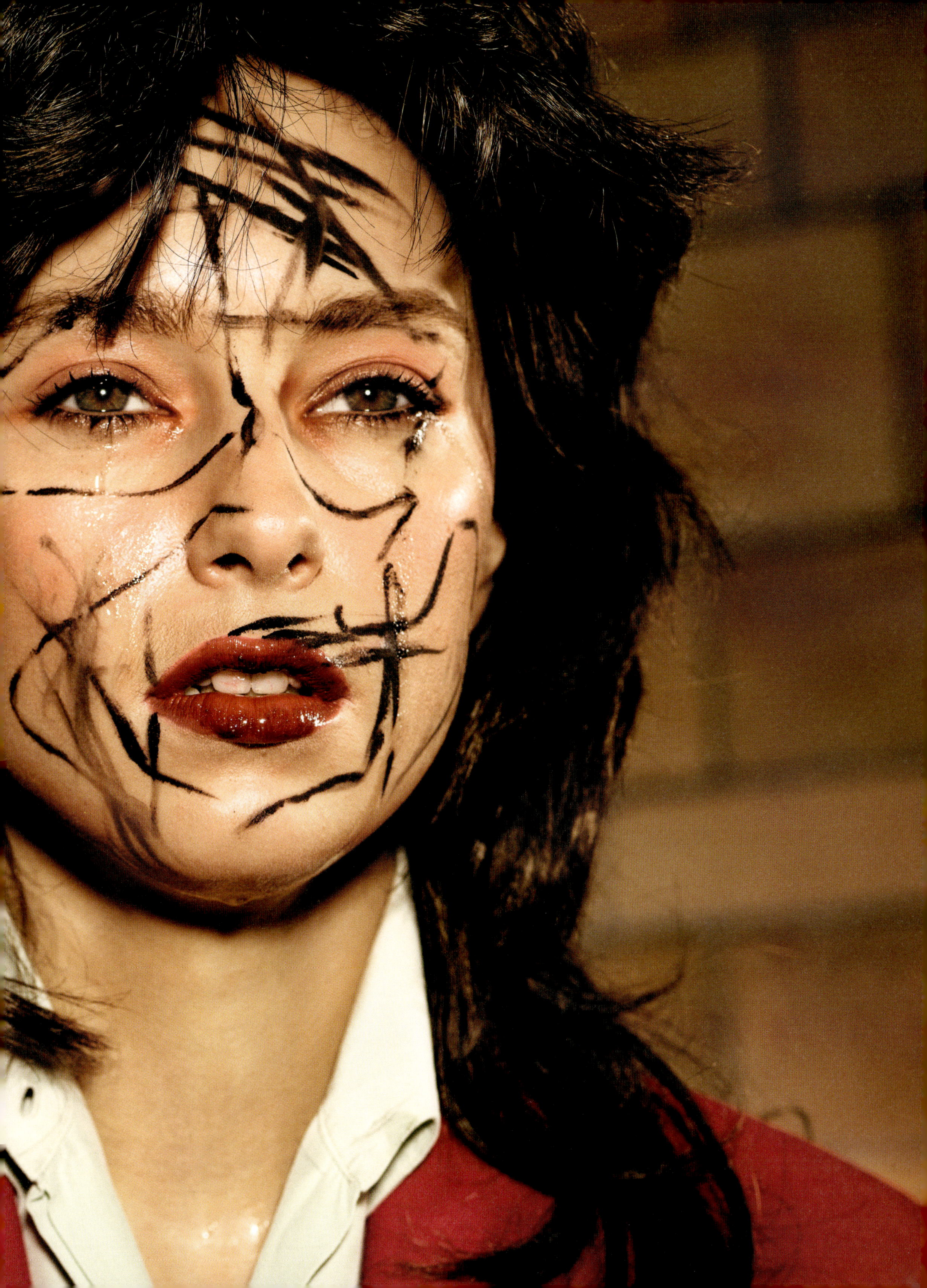

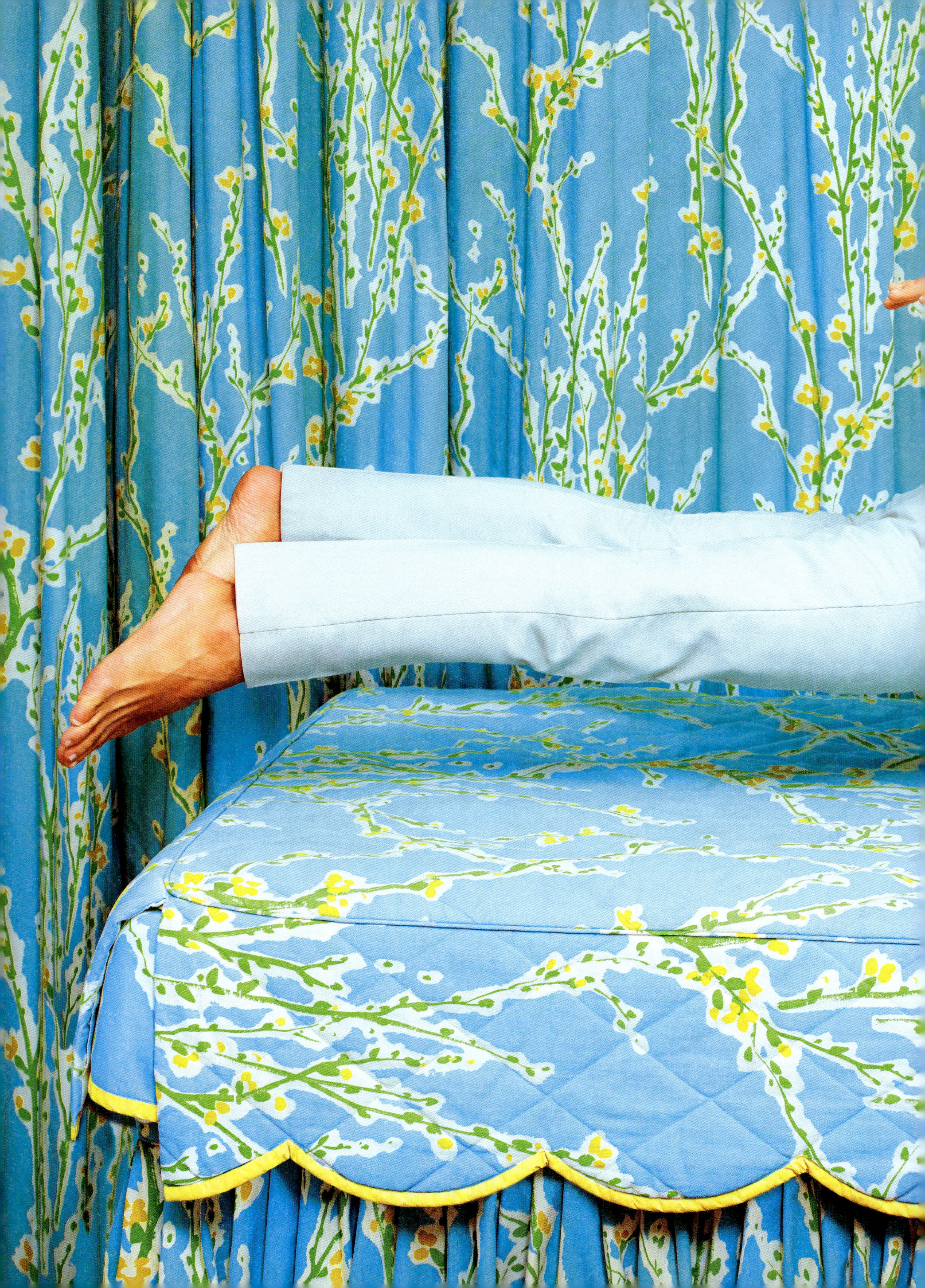

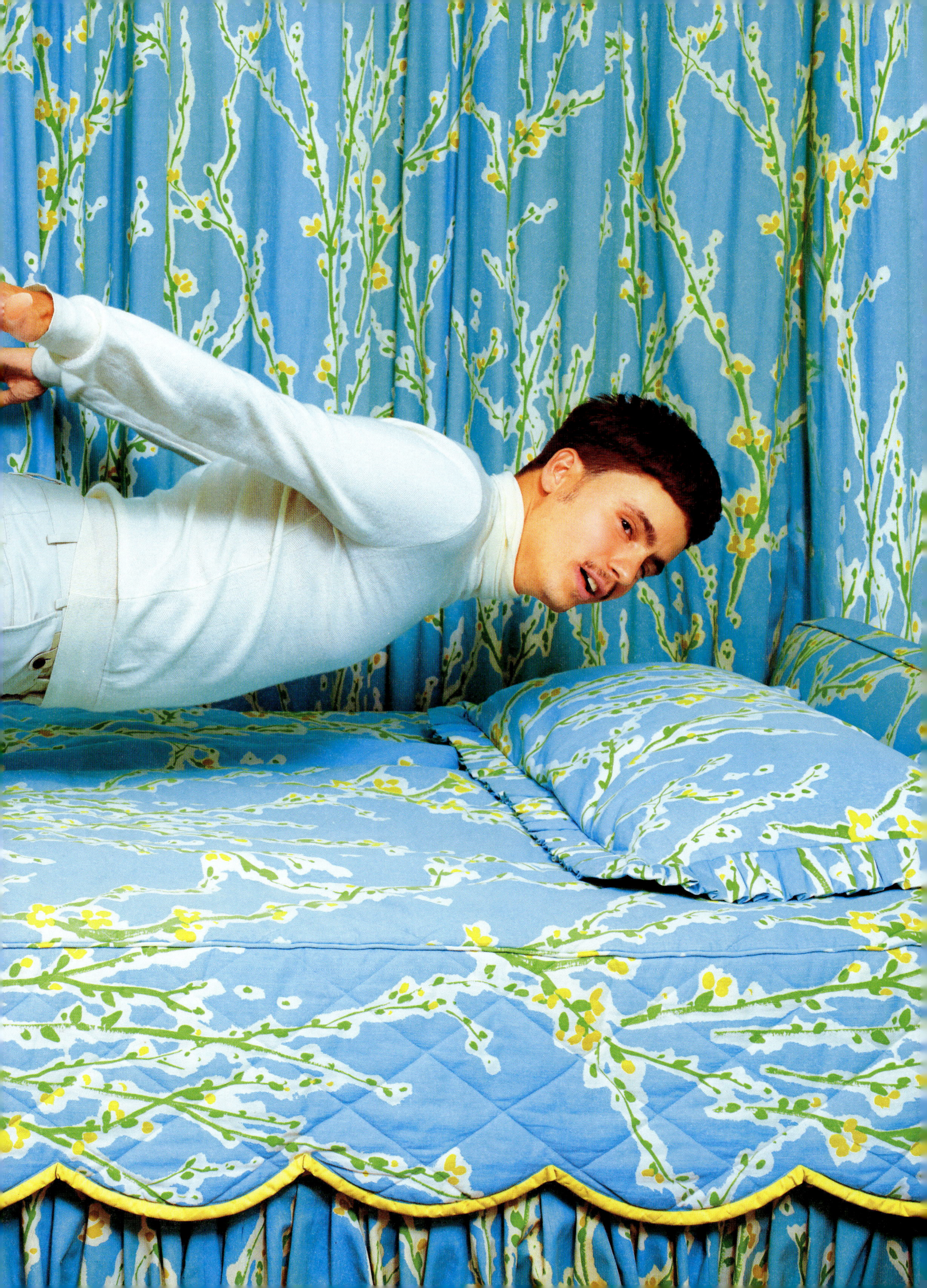

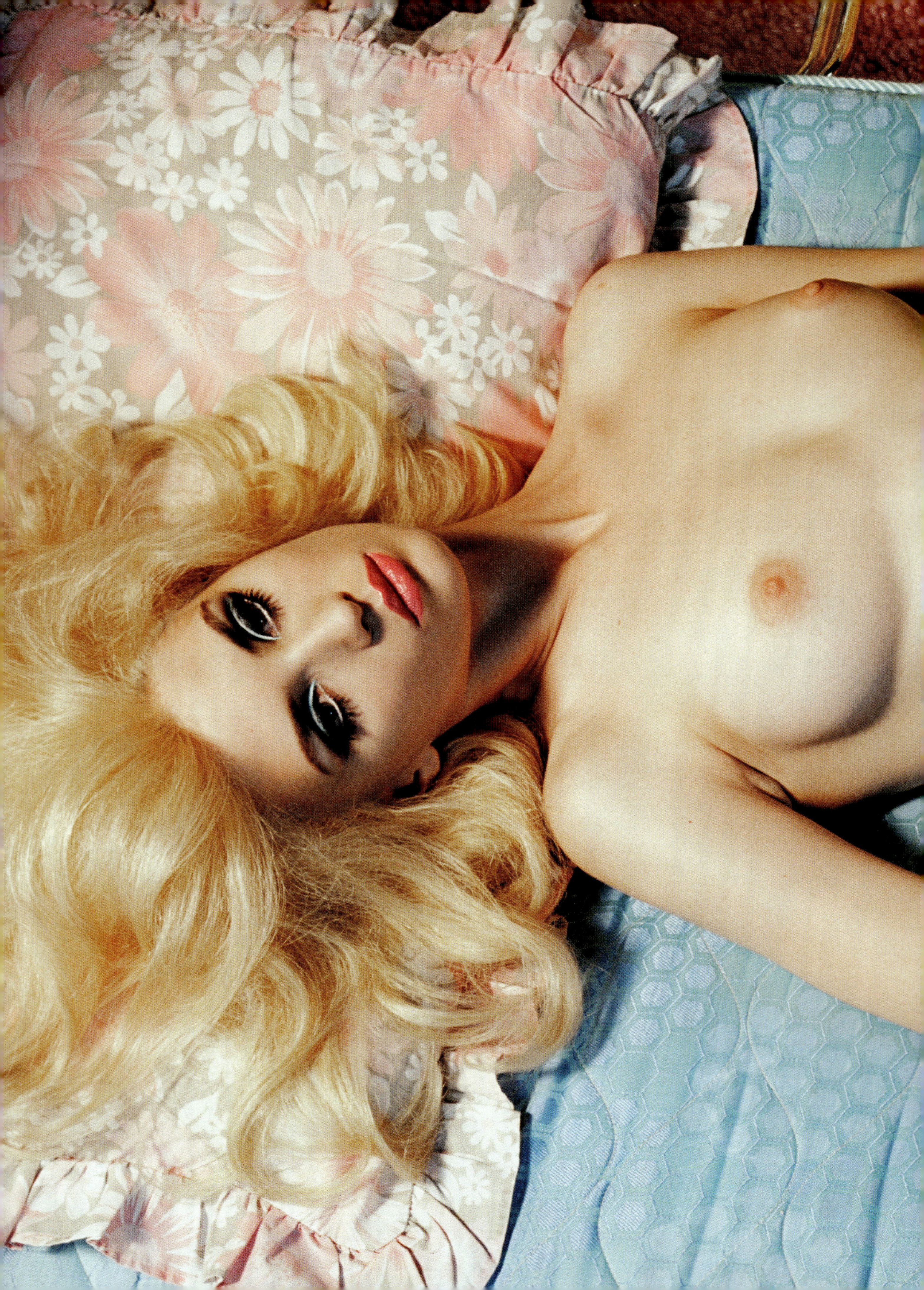

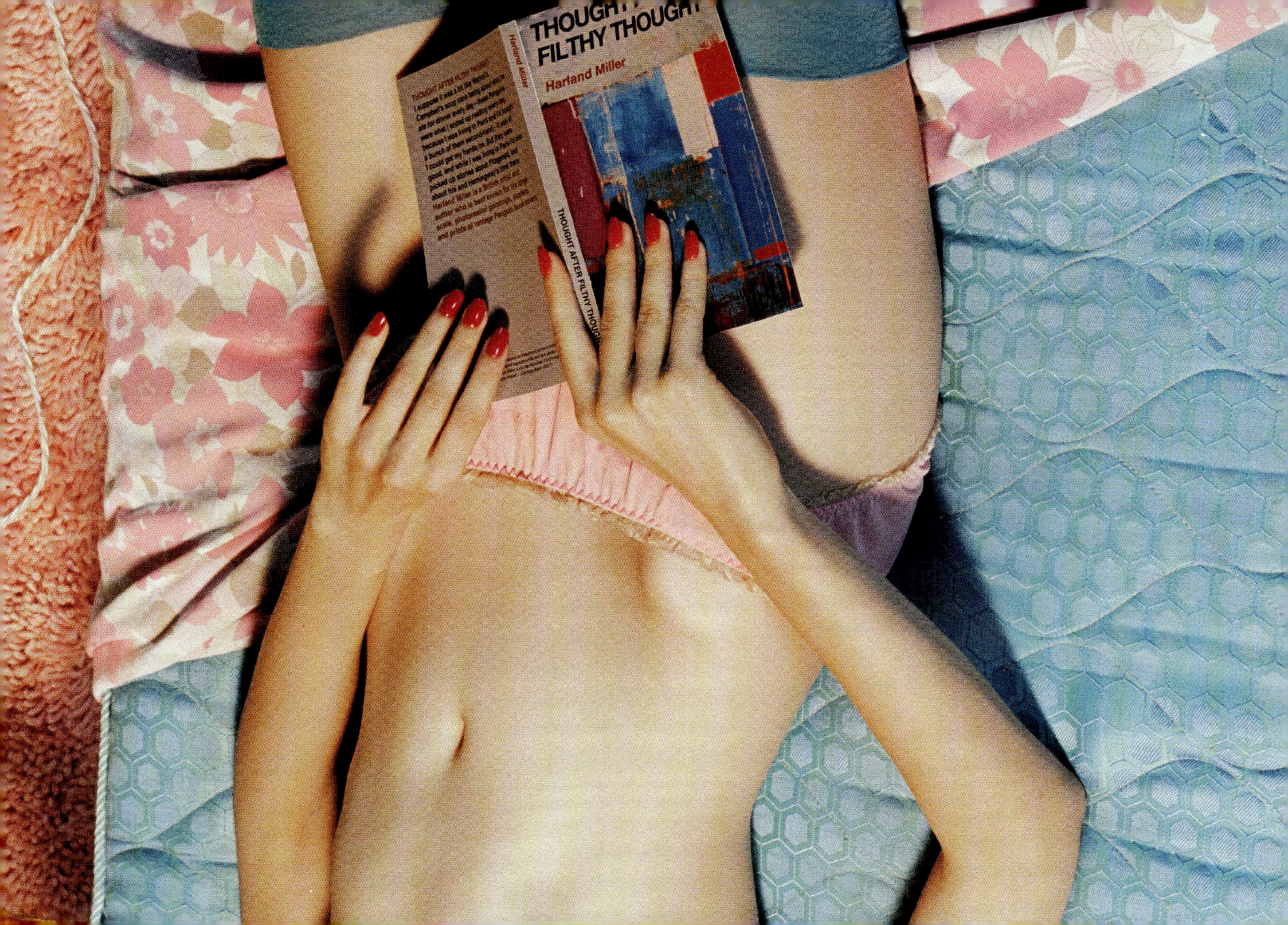

THOUGHT A
FILTHY THOUGHT
Harland Miller
THOUGHT AFTER FILTHY THOUGHT

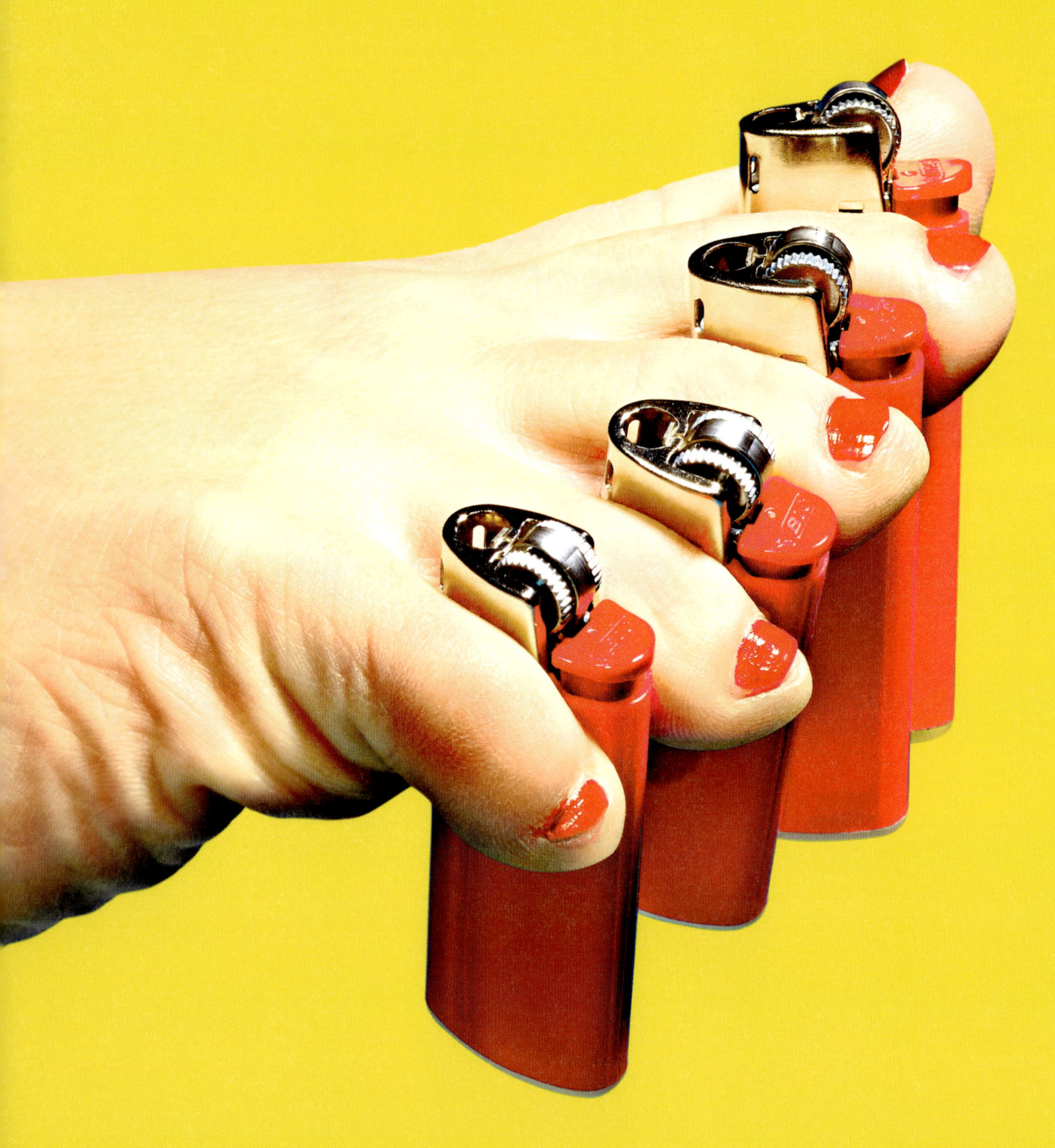

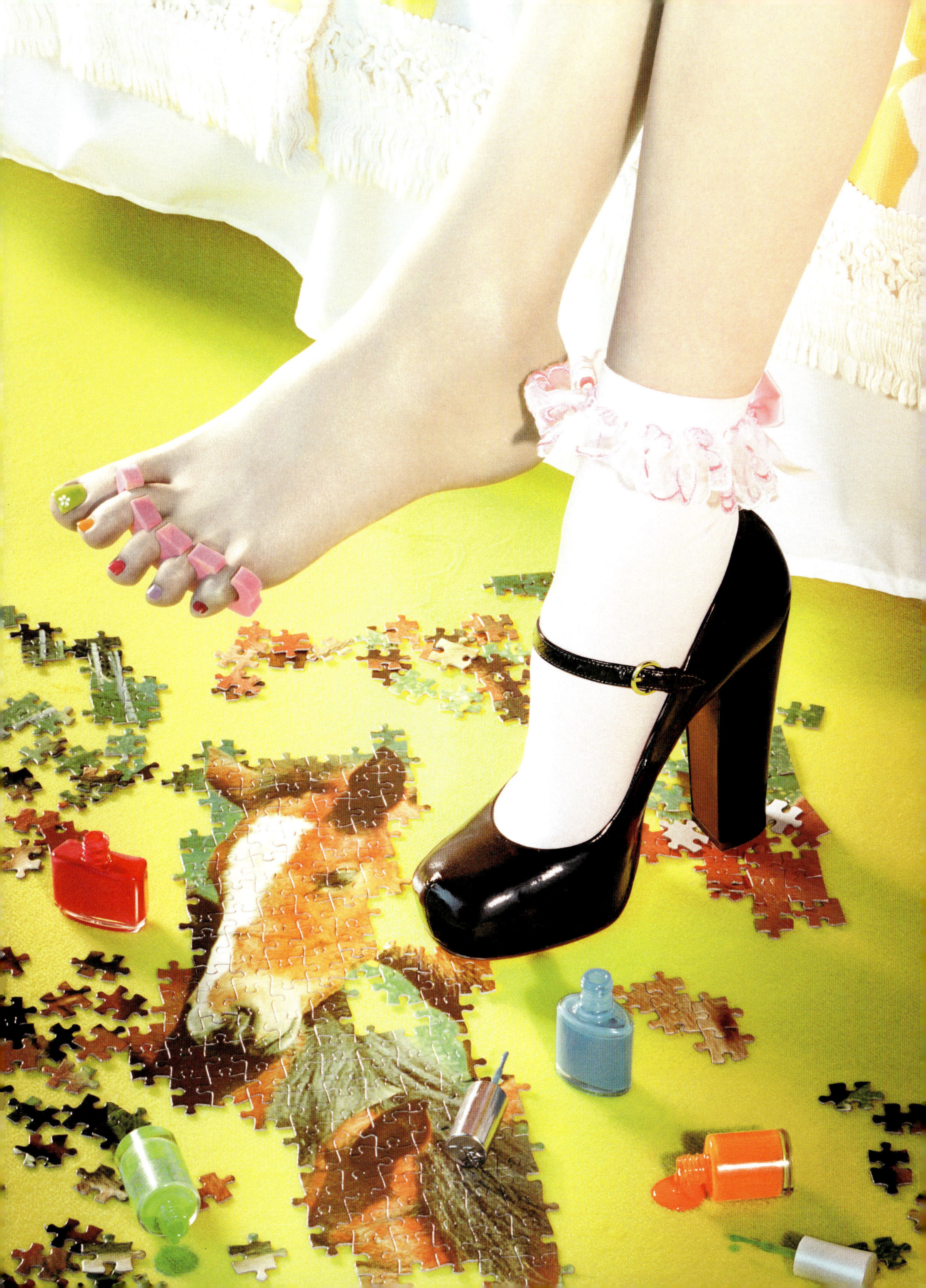

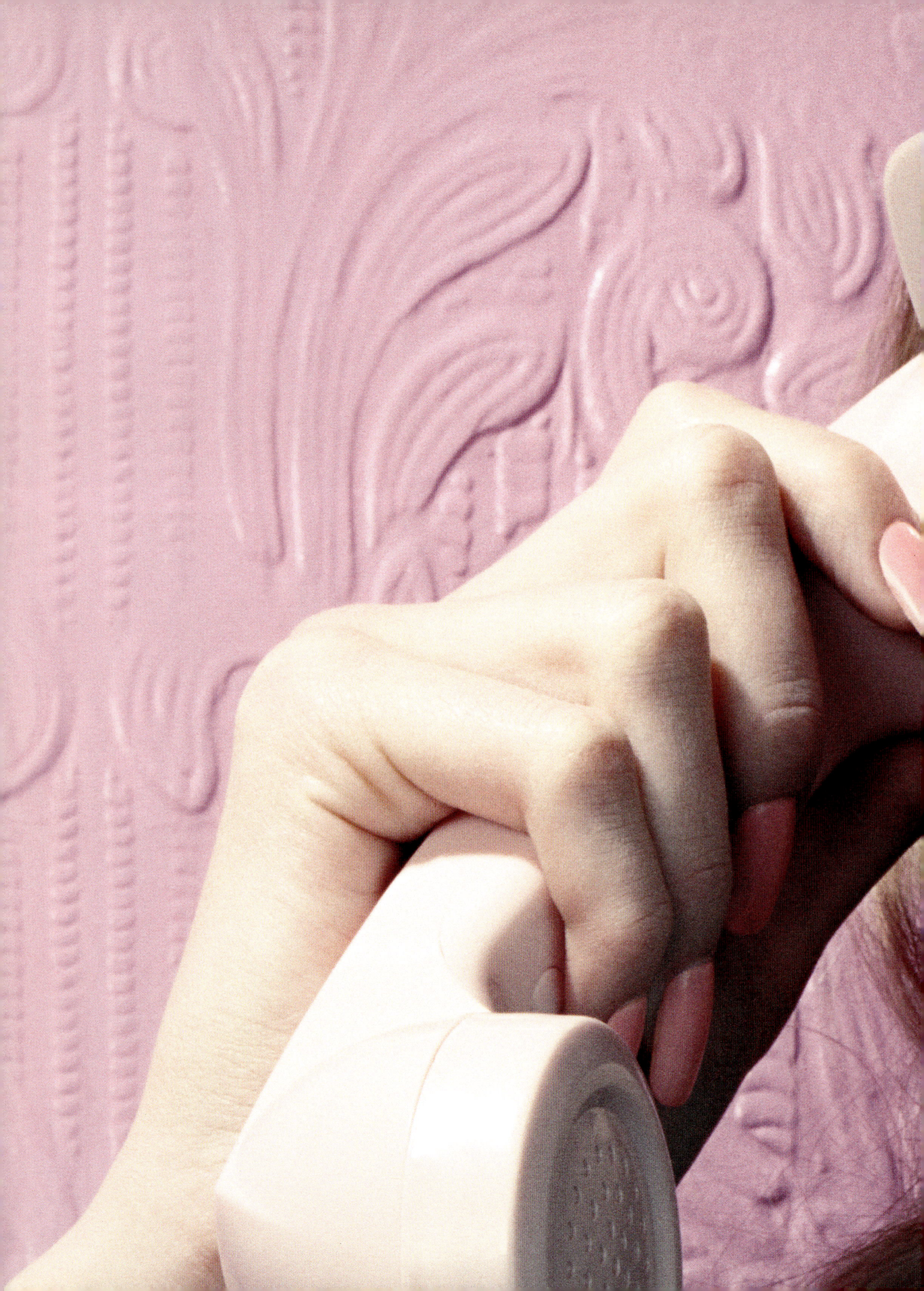

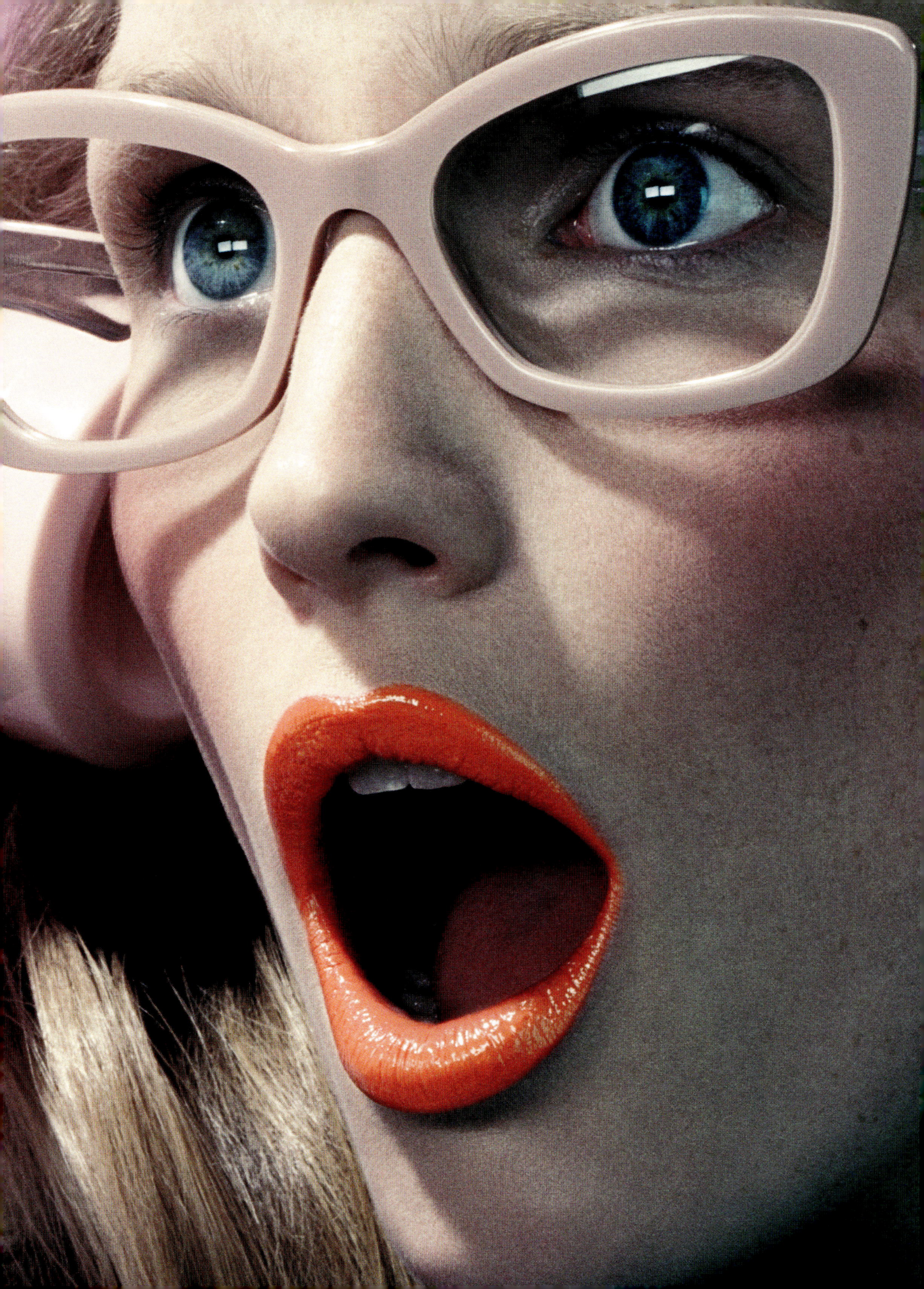

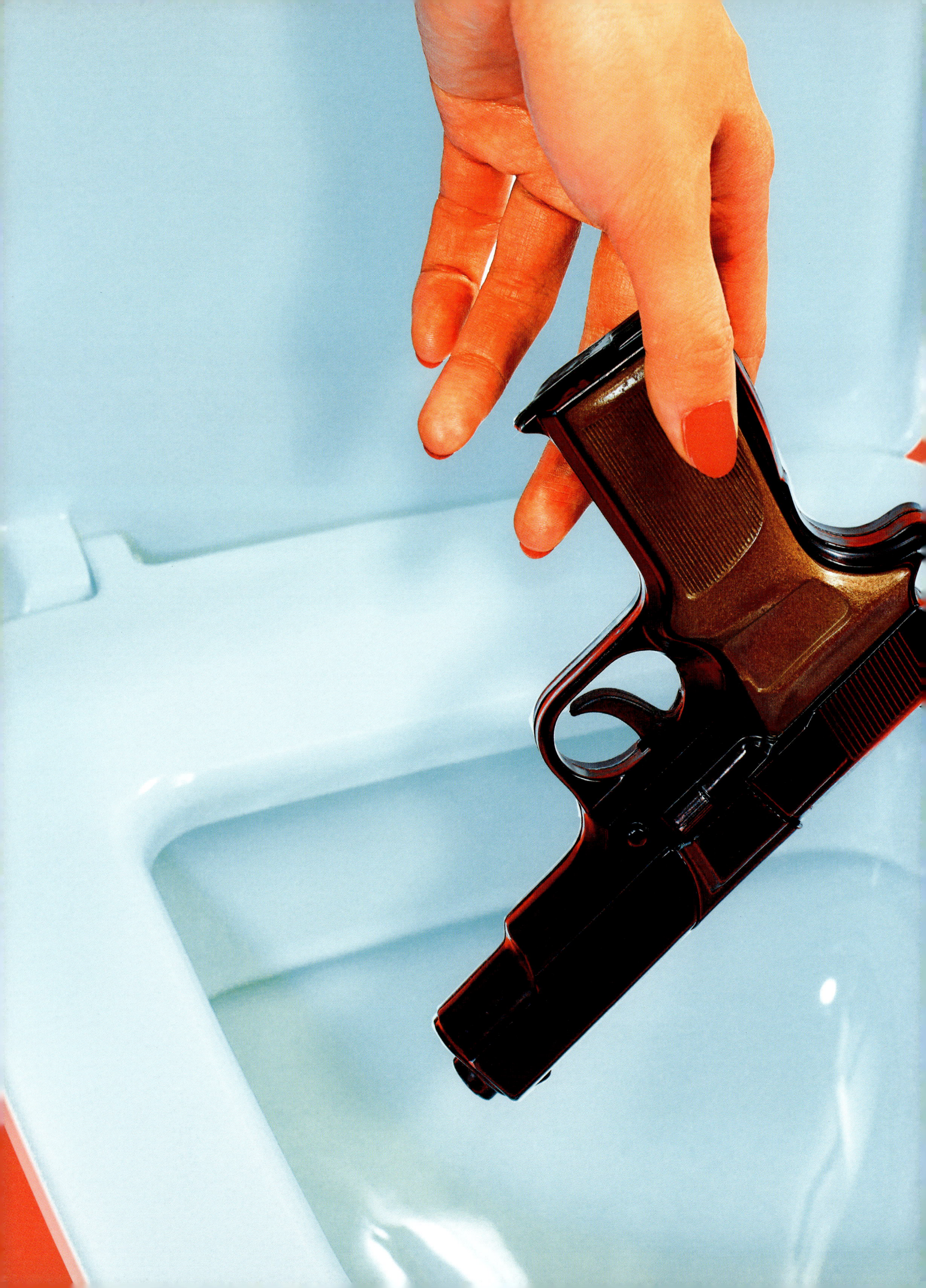